未成年人
网络保护
100问

佟丽华 ◎主编

中国法制出版社
CHINA LEGAL PUBLISHING HOUSE

编委会

编辑说明

2024年1月1日，国务院公布的《未成年人网络保护条例》正式施行，这是继新修订的《未成年人保护法》增设"网络保护"专章后，我国在未成年人网络保护领域制定的最重要的一部综合性行政法规，受到国内外社会各界广泛关注。

为什么要重视培养未成年人的网络素养？应该重点应该培养未成年人的哪些网络素养？如何判断网络内容信息违反了国家法律的规定？如何保护未成年人的个人信息不被泄露？如何保护未成年人免受网络欺凌、网络性侵害等各种伤害？如何防范未成年人在网络上进行高额消费？未成年人在受到网络侵害时如何维护自己的权利？这些都是每天发生在未成年人及其家长身边的问题。随着数字时代的发展，未成年人及其家长的网络素养以及处理上述问题的能力不仅密切关系未成年人的安全，还将成为家长监护能力的体现和未成年人成长过程中的重要能力。在全新的数字时代，网络素养将成为一个人最重要的竞争能力之一。

一个令人担忧的现象是，很多家长和老师的网络应用能力相比未成年人，差距悬殊。家长和老师不够了解当前丰富多彩的网络应用，不够了解如何应用未成年人网络保护软件，也不够了解国家法律法规政策对未成年人网络保护的具体规定。这种局面严重影响了家长和老师教育未成年人的效果，限制了家长和老师管理和保护未成年人的能力，增加了未成年人受到各种不良影响甚至侵害的风险，影响了提升未成年人网络素养的效果。

为了提升家长、老师以及未成年人的网络保护能力，在分析大量案件以及国家法律政策规定基础上，本书作者结合自己参与《未成年人保护法》和《未成年人网络保护条例》的立法经历及多年来处理未成年人网络保护相关问题的经验，特别撰写了《未成年人网络保护 100 问》一书。

本书以问答的形式，精选未成年人网络保护相关的 100 个问题，结合真实案件以及家长和老师在咨询中的困惑提出问题，根据《未成年人网络保护条例》和其他相关法律法规，从专业角度给出通俗易懂的解答。本书还介绍了国内主要平台企业的一些未成年人网络保护软件的应用功能，以帮助广大家长更好使用并引导未成年人健康使用网络。全书不仅内容针对性强，形式上还配有丰富的插图，采用四色印刷，让读者在快乐阅读的同时提升网络法治素养。

希望这本书能够成为家长与孩子、老师与学生共同阅读的图书，在阅读中讨论，在讨论中学习，为培养符合数字时代要求的新一代公民发挥积极作用。

目 录

第三章　保护个人信息

第四章　防范电信网络诈骗

第五章　预防网络性侵害

第六章　防治网络暴力

第七章 拒绝过度网络消费

第八章　避免网络沉迷

第九章　不参与网络违法犯罪活动

第十章 不同主体在未成年人网络保护中的作用

第一章

未成年人网络素养和网络保护工具的应用

1.

为什么要提升未成年人的网络素养？

中国互联网络信息中心发布的第 52 次《中国互联网络发展状况统计报告》显示，截至 2023 年 6 月，我国网民规模达 10.79 亿，其中 10 岁以下网民和 10 岁至 19 岁网民占比分别为 3.8% 和 13.9%，青少年网民数量近 2 亿。但需要看到，在未成年人使用互联网比例不断增加的背景下，也存在一些问题：一是未成年人识别和抵御网络风险的能力差，这增加了他们遭受不法侵害的风险；二是未成年人的网络文明素养低，使得网络暴力等问题在未成年人群体中高发；三是未成年人的网络技能素养低，其对网络的使用以娱乐为主，难以发挥网络的创造性作用。

针对上述问题，《未成年人保护法》《未成年人网络保护条例》《提升全民数字素养与技能行动纲要》等法律法规文件对提升未成年人的网络素养均提出了相关要求，如《未成年人网络保护条例》第十三条第二款规定，教育部门应当指导、支持学校开展未成年人网络素养教育，围绕网络道德意识形成、网络法治观念培养、网络使用能力建设、人身财产安全保护等，培育未成年人网络安全意识、文明素养、行为习惯和防护技能。对于未成年人而言，提升网络素养的意义主要包括以下几个方面。

第一，网络素养已经成为数字时代公民素养的重要组成部分。当前，人工智能、电子支付、网络社交、网络检索等技术深刻改变着我们的思维、生活、学习方式。在此背景之下，网络素养已成为公民素养的重要组成部分，每个人都应当顺应时代发展潮流，不断学习新技术、适应新生态。

第二，提升网络素养有利于推动未成年人综合能力建设。一方面，未成年人提升网络使用能力，可以更加有效地检索、识别和利用网络信息资源和工具，对学习和生活产生积极作用。另一方面，作为未成年人网络素养的重要组成部分，网络道德意识、网络法治观念和防护技能的提升，则可以帮助未成年人有效抵御在使用网络过程中的安全、道德和法律风险。因此，提升网络素养对于推动未成年人综合能力建设，促进其成长和发展具有重要的意义。

第三，网络素养是解决未成年人网络保护问题的基础。当前，未成年人在触网过程中面临着网络不良和违法信息、网络暴力、网络性侵害、网络诈骗等诸多风险。这些风险的解决一方面有赖于政府部门、司法机关、互联网企业等主体积极履行相应职能，另一方面更需要未成年人不断提升自护能力。未成年人提升网络素养，增强网络安全意识，是抵御前述风险、解决未成年人网络保护问题的重要基础。

2.

未成年人如何培养网络道德意识？

互联网是现实世界的延伸，每个互联网用户都对应着一个现实生活中的个体。因此，即便是在网络世界，未成年人也应当遵守相应的网络道德规范。中共中央、国务院于 2019 年 10 月 27 日印发的《新时代公民道德建设实施纲要》也明确提出要抓好网络空间道德建设。那么，未成年人如何培养网络道德意识呢？我们给出以下建议。

第一，树立良好道德准则。未成年人在网络上要友善、平等地对待每一位网络用户，尊重不同的观点和意见，尊重他人的隐私权和个人信息；不因意见不合等原因对其他用户实施人格侮辱、曝光个人信息、恶意损害形象等侵权行为。

第二，树立正确价值观念。网络信息纷繁，唾手可得，但很多信息都是他人耗费大量时间、精力的成果。未成年人应当尊重他人的知识产权和劳动成果，不抄袭、不盗用他人作品，使用他人提供的免费资源时应遵守相关约定，并注明出处。

第三，抵制网络不良和违法信息。一方面，未成年人要自觉做到不浏览、不发布、不传播色情、暴力、侵犯他人合法权益等的网络信息，避免做出网络道德失范行为；另一方面，未成年人发现他人在传播相关信息的，也要积极进行投诉举报，共同营造清朗的网络空间。

第四，积极参与网络文明建设。积极参与网络公益活动，关注社会热点事件，友善参与网络讨论，为建设文明网络空间贡献自己的力量。

3.

未成年人如何培养网络法治观念？

清朗、文明的网络空间既需要每位用户自觉培养网络道德意识、践行网络道德准则，更有赖于网络用户培养网络法治观念、自觉遵守相关法律规定，守住法治这条底线。除《未成年人网络保护条例》外，《新时代的中国网络法治建设》白皮书、《法治社会建设实施纲要（2020—2025 年）》等也都强调要加强全社会网络法治和网络素养教育。那么，对未成年人而言，应当如何培养网络法治观念呢？

第一，主动学习相关法律政策。我国相关法律政策对于公民在网络空间的各项权益及网络违法犯罪行为均有明确规定。例如，《民法典》《个人信息保护法》《儿童个人信息网络保护规定》等法律法规对于保护肖像、隐私、名誉、个人信息等权利有明确要求，《刑法》《反电信网络诈骗法》等则对帮助信息网络犯罪活动罪、传播淫秽物品罪等常见的未成年人网络违法犯罪行为的概念、构成要件等进行了具体规定。未成年人要主动学习相关法律法规，了解自己在网络空间的合法权益，以及侵害他人合法权益、危害网络空间秩序等行为的相关法律责任。

第二，自觉遵守法律规定，维护法治权威。法律制度的权威有赖于我们的自觉遵守和践行。在了解、学习相关法律法规的基础上，未成年人还要做到自觉遵守法律规定。例如，不在网络空间传播不良和违法信息，不对他人实施网络暴力等侵权行为，不利用网络从事犯罪活动，为依法治网筑牢群众基础。

第三，积极监督不法行为，共同营造风清气正的网络空间。对于在网络空间发现的实施网络暴力、传播网络不良和违法信息、侵犯个人信息等违法犯罪活动，未成年人要积极通过向网络平台进行投诉举报、向公安机关报案等方式行使监督权利，共同营造风清气正的网络空间。

4.

未成年人如何培养网络使用能力？

互联网是学习
的好帮手！

通过互联网能查到
我们想了解的知识！

　　网络不仅可以满足我们的娱乐需求，也可以为我们学习相关技能提供机会，对于提升生活、学习、工作能力具有显著作用。未成年人应如何提升网络使用能力，充分发挥网络的创造性作用呢？我们给出以下建议。

　　第一，合理使用网络，避免将网络作为纯娱乐工具。未成年人要遵守国家关于未成年人网络游戏、网络娱乐等的相关要求，正确看待网络，适度、合理安排网络娱乐时间，避免沉迷网络，不将网络作为纯娱乐的工具。

　　第二，学习使用网络搜索技能。网络信息纷繁复杂，未成年人可以通过学习使用搜索引擎、搜索关键词、挑选有效信息、确认信息出处等技巧，获取真实、准确、符合需求的网络信息。

　　第三，借助互联网充分发挥自身才能。一些未成年人对音视频剪辑、图像处理、网络编程、摄影摄像、传统文化等怀有浓厚兴趣，互联网上有大量高质量公益课程，如"中国大学 MOOC""国家中小学智慧教育平台"等，未成年人要善于使用这些资源，不断提升专业能力，发挥自身才能。

5.

未成年人如何培养人身财产安全保护能力?

在纷繁复杂的网络世界里，安全是我们利用互联网的前提和基石。未成年人如何提升在网络空间内的人身财产安全保护能力呢？我们给出以下建议。

第一，了解和学习相关法律法规和网络安全知识。一方面，未成年人可以通过关注新闻媒体发布的涉及网络安全的相关报道和典型案例了解网络安全问题的高发领域，掌握个人信息保护、隐私保护等方面的相关法律规定。另一方面，未成年人还可以积极参加学校、社区等组织的网络安全知识讲座、培训活动，学习掌握应对个人信息泄露、电信网络诈骗等的实用技能。

第二，保护财产和数据安全。例如，不向陌生人提供个人信息，避免使用过于简单的密码并定期更新密码，谨慎接受陌生人的好友申请，尽量不使用公共无线网络，不在公共电脑保存个人文件、登录个人账户，不随意点击不明链接，不随意下载来源不明的文件或安装来源不明的软件等。

第三，善于使用网络安全工具。目前，主流的电脑系统都有内置的安全工具，如 Windows 系统内置的"Windows 安全中心"，大部分品牌的手机中也预装了"手机管家"等 App（Application，应用程序）。此外，市面上还有大量杀毒软件、加密软件等可供下载使用。未成年人可以结合自身需求，使用相关的网络安全工具，保护自己的个人信息、设备和数据安全。

第四，如遇紧急情况，及时寻求帮助。当未成年人遭遇个人信息泄露、网络暴力、网络性侵害等网络风险或不法侵害时，要及时保存相关证据，并向父母、公安机关寻求帮助。

6.

什么是网络保护工具？

　　一些未成年人在刷短视频时会经常不自觉地消耗大量时间，在使用搜索引擎检索资料的过程中也可能不小心访问色情网站，或者点击网页中不时弹出的色情、赌博等广告。为防治未成年人上网过程中的相关风险，《未成年人网络保护条例》规定，国家鼓励和支持研发、生产和使用专门以未成年人为服务对象、适应未成年人身心健康发展规律和特点的网络保护软件、智能终端产品和"未成年人模式"、未成年人专区等网络技术、产品、服务。条例中规定的网络保护软件、"未成年人模式"等就属于网络保护工具。

　　总的来说，网络保护工具是指帮助未成年人在通过手机、电脑等智能设备使用各类网络服务的过程中屏蔽不良和违法信息、管理不适宜未成年人的服务和功能等的工具的统称，包括各类 App 内置的"未成年人模式"、未成年人网络保护软件和不良广告拦截软件等。

　　使用这些工具可以帮助未成年人避免过度网络娱乐，管理网络消费金额以及合理限制未成年人接触的网络信息的范围。不仅如此，这些工具还可以帮助未成年人屏蔽不良和有害信息的侵扰。未成年人、家长等群体都应该主动了解和使用这些工具，这不仅是为了保障未成年人在网络空间的合法权益，也是落实《未成年人保护法》《未成年人网络保护条例》等法律法规的具体体现。

7.

什么是"未成年人模式"?

因为你今天已经玩了很长时间的手机,"未成年人模式"在提醒你该上床睡觉啦。

妈妈,为什么手机突然自动锁定不能玩了?

在未成年人刷短视频、看小说、看漫画时,父母总担心他们会陷入沉迷状态或浏览到不适宜的内容。其实,针对这一问题,《未成年人保护法》《未成年人网络保护条例》等法律法规已对所有网络服务提供者提出了明确要求。例如,《未成年人保护法》第七十四条第二款规定,网络游戏、网络直播、网络音视频、网络社交等网络服务提供者应当针对未成年人使用其服务设置相应的时间管理、权限管理、消费管理等功能。《未成年人网络保护条例》第四十三条则进一步明确，网络游戏、网络直播、网络音视频、网络社交等网络服务提供者应当针对不同年龄阶段未成年人使用其服务的特点，坚持融合、友好、实用、有效的原则，设置"未成年人模式"，在使用时段、时长、功能和内容等方面按照国家有关规定和标准提供相应的服务，并以醒目便捷的方式为监护人履行监护职责提供时间管理、权限管理、消费管理等功能。

目前，绝大多数直播、音视频、社交、小说、漫画等App 已经落实《未成年人保护法》和《未成年人网络保护条例》的相关要求，内置了"未成年人模式"（在部分 App 中表述为"青少年模式"），其主要功能包括以下四种。

第一，时间管理。以抖音、快手等短视频 App 为例，打开"未成年人模式"后，App 会将未成年人的每日使用时长设定为 40 分钟，超时锁定。此外，在未成年人的休息时段，即 22 时至第二天 6 时也无法使用 App。

第二，权限管理。对于私信、群聊、陌生交友等可能对未成年人造成不良影响或存在潜在风险的功能，一些 App 在开启"未成年人模式"后将自动对其进行屏蔽、限制。

第三，消费管理。为了预防未成年人使用父母或其他成年亲属的支付账户进行直播打赏或高额消费，大部分 App 中的"未成年人模式"也对网络消费功能进行了屏蔽或限制处理。

第四，内容管理。打开"未成年人模式"后，App 将根据未成年人的年龄段推荐适合其认知能力、健康向上的内容，屏蔽不利于其身心健康的网络信息。

如何使用常用 App 的"未成年人模式"？

大部分社交、直播及音视频 App 在每日首次启动时，都会以弹窗形式提醒用户开启"未成年人模式"。未成年人或其监护人可以在每日首次打开该 App 时跟随引导，开启该模式。另外，我们还整理了微信、抖音、快手、QQ、小红书等常用社交娱乐 App 的"未成年人模式"开启方式。

第一，微信。点击"我"，然后打开"设置"，点击"青少年模式"，勾选"我已阅读并同意《微信青少年模式功能使用条款》"，点击"开启"，在弹出的页面中设置独立密码，输入监护人的姓名、身份证号码，点击"完成"，即可开启。

第二，抖音。点击"我"，然后点击右上角的"☰"图标，点击"青少年守护中心"，点击"青少年模式"，点击"开启青少年模式"，在弹出的页面中选择未成年人的性别、出生日期，点击"开启青少年模式"即可。

第三，快手。点击"首页"，然后点击左上角的

"☰"图标，点击页面左下角的"青少年模式"，然后在弹出的页面中点击"青少年模式"，勾选"我已阅读并同意《青少年守护协议及家长告知函》"，点击"开启青少年模式"，设置并验证密码后，即可开启。

第四，QQ。点击"消息"，然后点击左上角头像，点击"设置"，点击"通用"，然后在弹出页面的"模式选择"中选择"青少年模式"，勾选"我已阅读并同意《QQ 青少年模式功能使用条款》"，点击"开启青少年模式"，在弹出的页面中设置独立密码，即可开启。

第五，小红书。点击"我"，然后点击左上角"☰"图标，点击"设置"，点击页面中的"青少年模式"，然后在弹出的页面中点击"开启青少年模式"，设置并验证密码后，即可开启。

需要说明的是，在《未成年人网络保护条例》《移动互联网未成年人模式建设指南》正式施行后，各 App 已上线的"青少年模式"将全面升级为"未成年人模式"，相关表述、使用方式可能存在差异，另外，随着各 App 的更新，其具体操作流程也可能发生一定变化，故本书介绍的操作方式仅供参考。

9.

什么是未成年人网络保护软件？

根据《未成年人保护法》第六十九条第二款的要求，智能终端产品的制造者、销售者应当在产品上安装未成年人网络保护软件，或者以显著方式告知用户未成年人网络保护软件的安装渠道和方法。《未成年人网络保护条例》第十九条第一款则进一步明确规定，未成年人网络保护软件、专门供未成年人使用的智能终端产品应当具有有效识别违法信息和可能影响未成年人身心健康的信息、保护未成年人个人信息权益、预防未成年人沉迷网络、便于监护人履行监护职责等功能。

综合上述规定，未成年人网络保护软件是指安装在手机、平板电脑等智能设备上的，帮助未成年人识别和拦截有害信息，预防未成年人网络沉迷，便于监护人对未成年人使用智能设备及网络服务进行管理的软件。

目前，大部分品牌的智能终端产品制造者已经在其手机、平板电脑等产品中内置了相应的未成年人保护软件，可以对未成年人使用设备及特定 App 的时长，允许或禁止其访问的 App、网址，允许或禁止其访问的联系人等进行管理，但尚未对相关功能、标准、入口等进行统一。不过，根据《未成年人网络保护条例》第十九条第二款之规定，国家网信部门应当会同国务院有关部门明确未成年人网络保护软件的相关技术标准或者要求。相信相关技术标准施行后，未成年人的网络环境会更加安全友好。

10.

如何使用手机上的未成年人网络保护软件？

根据《未成年人网络保护条例》第十九条第三款的要求，智能终端产品制造者应当在产品出厂前安装未成年人网络保护软件，或者采用显著方式告知用户安装渠道和方法。智能终端产品销售者在产品销售前应当采用显著方式告知用户安装未成年人网络保护软件的情况以及安装渠道和方法。根据测试，目前，市面上大部分智能手机已经内置了未成年人网络保护软件。那么应该如何开启这些软件呢？

以华为手机为例，父母可以在设置中打开"健康使用手机"功能。开启该功能并设置为未成年人使用该设备后，父母可以自主设置每款 App 的每日使用时长，停止使用手机的时段，并通过"远程守护"功能了解孩子的位置信息、开启反诈提示等。除此之外，父母还可以通过"内容访问限制"功能设定在浏览器中允许或者禁止访问的网站，避免未成年人遭遇不良网络信息的侵扰。

如果未成年人使用的是苹果手机，父母则可以在设置中打开"屏幕使用时间"以使用时间管理、内容管理、通信管理等功能，具体操作步骤与华为手机类似，此处不再赘述。

当然，其他品牌的手机也内置有未成年人网络保护软件，父母可以咨询品牌客服或者在手机设置中查看具体功能和操作方式。

11.

如何屏蔽电脑网页中的不良信息？

相信很多人在使用电脑上网的过程中都遇到过这样的问题：当我们想要检索一些资料时，网页中却包含着大量的赌博、色情等弹窗广告。对于未成年人而言，广告中的不良、违法信息可能给他们造成严重不良影响。其实，我们只需要在浏览器中安装对应的"广告拦截插件"，就可以屏蔽这些广告。那么，具体应该如何操作呢？

如果使用 Windows 系统的电脑，可以按照如下步骤，在系统内置的"Microsoft Edge"浏览器中安装广告拦截插件：点击浏览器右上角的"设置"，点击"扩展"，点击"打开 Microsoft Edge 加载项"，这时，浏览器会打开"Edge 外接程序"页面。在此页面搜索栏中输入"广告拦截"等关键词，就可以检索安装如"Adblock""AdGuard"等广告拦截插件。

如果使用 macOS 系统的电脑，则可以直接在系统内置的"App Store"中搜索"广告拦截"，安装对应的插件，即可在系统内置的 Safari 浏览器中使用广告拦截功能。当然，常用的谷歌浏览器（Google Chrome）、360 浏览器等也都支持安装广告拦截插件，感兴趣的读者可以自行了解。

12.

企业在提供网络保护工具方面有什么责任？

根据《未成年人保护法》第六十九条、第七十四条，以及《未成年人网络保护条例》的相关规定，智能终端产品制造者和网络平台企业作为网络保护工具的开发设计主体，主要具有以下责任。

第一，对于智能终端产品制造者而言，一方面，应当为其产品开发设计未成年人网络保护软件。软件应当具有有效识别违法信息和可能影响未成年人身心健康的信息、保护未成年人个人信息权益、预防未成年人沉迷网络、便于监护人履行监护职责等功能。另一方面，还应当在产品出厂前安装未成年人网络保护软件，或者采用显著方式告知用户安装渠道和方法。

第二，对于专门供未成年人使用的智能终端产品如学习平板电脑、智能手表的制造者而言，其产品除具备前述相关功能外，还应当符合如 GBT 41411-2022《儿童手表》等特定设备的国家标准或相关团体标准。

第三，对于网络平台企业而言，应当坚持融合、友好、实用、有效的原则，设置"未成年人模式"，在使用时段、时长、功能和内容等方面按照国家有关规定和标准提供相应的服务，并以醒目便捷的方式为监护人履行监护职责提供时间管理、权限管理、消费管理等功能。未成年人用户数量巨大或者对未成年人群体具有显著影响的网络平台服务提供者，还应当在网络平台服务的设计、研发、运营等阶段，充分考虑未成年人身心健康发展特点，定期开展未成年人网络保护影响评估；通过提供"未成年人模式"或者未成年人专区等，便利未成年人获取有益身心健康的平台内产品或者服务。

第二章

抵制网络不良和违法信息

1.

什么是网络不良信息？

共青团中央维护青少年权益部、中国互联网络信息中心联合发布的《2021年全国未成年人互联网使用情况研究报告》显示，近四成未成年网民在使用网络的过程中接触过炫富、宣扬不劳而获、血腥暴力等网络不良信息。可见，网络不良信息已经成为未成年人用网过程中的重大危害来源之一。

为治理网络不良信息问题，《未成年人网络保护条例》第二十三条第一款规定，网络产品和服务中含有可能引发或者诱导未成年人模仿不安全行为、实施违反社会公德行为、产生极端情绪、养成不良嗜好等可能影响未成年人身心健康的信息的，制作、复制、发布、传播该信息的组织和个人应当在信息展示前予以显著提示。这些信息可能对未成年人身心健康造成不良影响，属于不良信息的范畴。

除了《未成年人网络保护条例》中规定的不良信息类型，国家互联网信息办公室在2019年12月15日发布的

《网络信息内容生态治理规定》还对网络不良信息进行了细致的列举。根据规定第七条，网络不良信息主要包括以下八种。

一是使用夸张标题，内容与标题严重不符的。例如，一些自媒体在发布新闻时，为了吸引流量，断章取义，故意选取具有低俗、色情意味的标题。

二是炒作绯闻、丑闻、劣迹等的。例如，一些自媒体为了追求热度，编造明星恋爱经历、婚姻情况，并大肆炒作。

三是不当评述自然灾害、重大事故等灾难的。例如，一些网民为了哗众取宠，对某地区发生的水灾、火灾、地震等灾害进行不当调侃。

四是带有性暗示、性挑逗等易使人产生性联想的。例如，在一些网络短视频中，作者刻意衣着暴露，凸显胸部、臀部或大腿等身体部位，或者做出带有明显性暗示的动作。

五是展现血腥、惊悚、残忍等致人身心不适的。例如，一些人为满足自身变态心理欲望或牟取不当利益，虐杀流浪动物，并将相关视频发布到网络平台上或进行售卖。

六是煽动人群歧视、地域歧视等的。例如，部分网民将一些不良行为或习俗与某一省份、地区联系起来进行调侃，也就是我们常说的"地域黑"。

七是宣扬低俗、庸俗、媚俗内容的。例如，在网络上对他人的身体部位进行恶意点评、惯常性地使用侮辱性词汇。

八是可能引发未成年人模仿不安全行为和违反社会公德行为、诱导未成年人不良嗜好等的。例如，一些自媒体为博取流量，故意发布带有炫富、家庭矛盾等内容的视频并进行炒作。

2.

什么是网络违法信息?

《未成年人网络保护条例》第二十二条第一款规定,任何组织和个人不得制作、复制、发布、传播含有宣扬淫秽、色情、暴力、邪教、迷信、赌博、引诱自残自杀、恐怖主义、分裂主义、极端主义等危害未成年人身心健康内容的网络信息。这些信息不仅可能严重危害未成年人身心健康,还可能侵害社会公共利益或他人合法权益,甚至对国家安全和统一造成危害,属于违法信息的范畴。

除了《未成年人网络保护条例》中规定的违法信息类型,《网络信息内容生态治理规定》也对网络违法信息进行了列举。根据规定第六条,网络违法信息主要包括以下十种。

一是反对宪法所确定的基本原则的。例如,一些境外势力通过网络平台发布、传播否认党的领导的相关言论。

二是危害国家安全,泄露国家秘密,颠覆国家政权,破坏国家统一的。例如,一些人员在网络上针对台湾问题等刻意发表破坏国家统一的言论。

三是损害国家荣誉和利益的。例如，据媒体报道，某网红在非洲诱骗当地儿童拍摄带有种族歧视内容的视频，被当地司法机关判处有期徒刑并驱逐出境，严重损害了我国的形象和荣誉。

四是歪曲、丑化、亵渎、否定英雄烈士事迹和精神，以侮辱、诽谤或者其他方式侵害英雄烈士的姓名、肖像、名誉、荣誉的。例如，据媒体报道，某网民为博取关注，刻意发布侮辱抗美援朝志愿军英烈的言论，被公安机关予以行政处罚。

五是宣扬恐怖主义、极端主义或者煽动实施恐怖活动、极端主义活动的。例如，据媒体报道，某网民在微信群内使用"本·拉登"头像，并发布"跟我加入ISIS"言论，后被人民法院认定构成宣扬恐怖主义、极端主义罪，被判处有期徒刑9个月。

六是煽动民族仇恨、民族歧视，破坏民族团结的。例如，一些网民刻意在网络上发布贬低少数民族，挑起民族对立的言论。

七是破坏国家宗教政策，宣扬邪教和封建迷信的。例如，据媒体报道，某博主频繁在网络上发布涉嫌传播封建迷信信息的视频，并有偿"算卦"，后被当地公安机关依法行政拘留。

八是散布谣言，扰乱经济秩序和社会秩序的。例如，疫情期间，不法分子为获取非法利益，散播谣言、哄抬物价。

九是散布淫秽、色情、赌博、暴力、凶杀、恐怖或者教唆犯罪的。例如，不法分子通过微信、贴吧等 App 售卖色情视频，获取非法利益。

十是侮辱或者诽谤他人，侵害他人名誉、隐私和其他合法权益的。例如，一些网友因意见不合，在网络上侮辱他人、曝光他人隐私信息。

3.

如何识别隐形和变异的网络不良和违法信息？

在互联网技术和网络亚文化不断发展的背景下，网络不良和违法信息也在不断通过各种形式包装、变异，增加了未成年人的辨识难度。为此，中央网信办秘书局于 2023 年 6 月 21 日发布的《关于开展"清朗·2023 年暑期未成年人网

络环境整治"专项行动的通知》，对"有害内容隐形变异问题"进行了专门界定。这些隐形和变异的有害内容应当引起注意。

一是以谐音词、变体字、表情符号等形式传播色情低俗、赌博迷信等内容。如据媒体报道，一些用户刻意在幼童照片中添加软色情文字，并将其制作成表情包上传到各社交平台。

二是利用视频剪辑、影视二创、动漫改编等方式集中展示涉未成年人血腥暴力等画面。如不法分子通过非法网站下载涉侵害未成年人视频，并将相关视频内容剪辑后售卖，以满足他人的变态或猎奇心理。

三是通过外链、浮窗、二维码、账号信息等进行色情引流。如不法分子通过社交软件"打招呼""陌生交友""漂流瓶"等功能向用户发送引流信息，诱导用户访问色情、赌博网站。

四是儿童智能设备自带及第三方 App，语音、文字搜索结果中存在涉黄涉暴内容。如据媒体报道，在某知名品牌儿童手表的应用商城中，包含多款涉及色情、暴力内容的 App，后该品牌所属企业被相关部门依法处罚。

4.

网络不良和违法信息会给未成年人带来什么影响？

在互联网和智能设备迅速普及的背景下，未成年人时刻都在接触各种各样的网络信息。有的信息可以帮助未成年人了解在课堂上学不到的知识，开阔眼界；但有的信息却可能影响他们对是非的判断，逐步形成错误的认知和观念；还有的信息可能诱导未成年人实施违法犯罪行为，侵害他人的合法权益。总结下来，网络不良和违法信息主要可能给未成年人带来以下不良影响。

第一，引发未成年人对不良行为的模仿。未成年人具有较强的模仿能力，不良网络信息中所包含的软色情段子、不安全行为习惯等很可能会被未成年人模仿，进而给他们带来负面影响。例如，对网络上随处可见的通过谐音词、变体字、表情符号等形式传播色情低俗内容的行为，如果不加以清理和规范，就可能引发未成年人群体的模仿，危害其身心健康。

第二，对未成年人的价值观产生负面影响。频繁接触网络不良信息，不仅可能使未成年人养成不良行为习惯，长此以往，还可能潜移默化地对他们的价值观形成负面影响。

第三，诱导未成年人实施违法犯罪活动。实践中，一些不法分子通过发布"网络兼职""网络刷单"等违法信息的方式诱导未成年人参与电信网络诈骗、传播色情制品等违法犯罪活动。如果这些网络信息未被及时发现、清理，一些法律意识薄弱的未成年人就很可能会成为不法分子的"犯罪工具"，参与实施违法犯罪活动。

第四，增加未成年人遭受不法侵害的风险。据各地司法机关发布的典型案例，一些不法分子还会利用色情、赌博等违法信息对未成年人实施网络性侵害、电信网络诈骗等违法犯罪活动，可能使未成年人遭受严重侵害。

5.

制作、发布或传播网络不良和违法信息要承担什么责任？

某地公安机关曾公布一起未成年人传播、售卖色情视频被处罚的案例。违法人员陈某在案发时已满 17 周岁，其在朋友圈中公然售卖色情视频，并称"没什么怕的"。陈某还将自己定位在当地公安机关的办公地点，公然挑衅警方，公安机关接群众举报后依法传唤陈某接受调查。经查，陈某通过朋友圈共售卖色情视频 60 余部，非法获利 400 多元。后公安机关对陈某以涉嫌制作、贩卖、传播淫秽物品予以刑事拘留。

《未成年人网络保护条例》明确规定，任何组织和个人不得制作、复制、发布、传播含有危害未成年人身心健康内容的网络信息。那么，制作、复制、发布或传播这些不良和违法信息可能承担什么法律责任呢？

第一，民事责任。如果在网络中发布、传播了侵犯他人名誉、隐私、肖像等权利的信息，给他人造成损害的，可能要承担赔礼道歉、赔偿损失等民事责任。

第二，行政责任。如果制作、复制、发布或传播不良和违法信息的行为达到了一定严重程度，产生了社会危害性，可能违反《治安管理处罚法》的规定，还需要接受警告、罚款、行政拘留等处罚。

第三，刑事责任。如果传播不良和违法信息的行为情节严重，侵犯了他人的人身权利或者具有严重社会危害性，还可能违反《刑法》的规定，构成侮辱罪、传播淫秽物品罪等。如果行为人达到了相应的刑事责任年龄，就要依法承担刑事责任，接受管制、拘役、有期徒刑等刑事处罚。例如，前文中的陈某在传播色情视频时已经年满 17 周岁，且其售卖的色情视频数量已经达到刑事犯罪的标准，其行为已经涉嫌犯罪，因此，当地公安机关对其进行了刑事拘留。

6.

发现网络不良和违法信息如何举报?

不用怕,我们可以通过12377电话举报这种网络不良信息。

爸爸,这个画面好可怕!

　　我们在前文中已经教了大家如何分辨网络不良和违法信息,那么,当我们发现这类信息时,应该如何举报,避免其进一步传播呢?

　　第一,直接在相关 App 或网络平台内举报。《未成年人保护法》第七十八条、《未成年人网络保护条例》第七条均明确规定，网络产品和服务提供者等应当建立便捷、合理、有效的投诉和举报渠道，公开投诉、举报方式等信息，及时受理并处理涉及未成年人的投诉、举报。根据测试，微信、QQ、抖音、快手等常用 App，以及主流网络游戏等也都内置了举报功能。当我们发现他人传播不良和违法信息时，可以直接在 App 内进行举报，网络产品和服务提供者在收到举报信息后会及时处理。

第二，通过"12377.cn""12321.cn"网站进行举报。"12377.cn"是国家互联网信息办公室设立的"违法和不良信息举报中心"网站，"12321.cn"则是工业和信息化部委托中国互联网协会设立的公众投诉受理网站。在发现不良或违法信息时，我们可以记录下这些信息的链接，并通过截图、录屏、录像等方式保存相关证据，然后访问上述网站，提交举报信息。

第三，拨打"12377"电话进行举报。"12377"电话是国家互联网信息办公室"违法和不良信息举报中心"设立的举报电话，我们在发现互联网不良和违法信息时，也可直接拨打该电话进行举报。此外，如果我们有涉及网络不良与垃圾信息的相关问题，还可拨打"12321"电话进行咨询。

第四，涉及较为严重的违法犯罪行为或情况紧急的，要及时报警。如果我们发现不良和违法信息涉及侵害他人生命和财产安全，危及社会治安秩序，以及其他严重违法犯罪行为的，可以直接报警。

7.

如何减少网络不良和违法信息的侵扰?

利用网络获取对于自身学习、生活有帮助的信息是现代社会的一项必要技能。但在这个过程中,未成年人也要学会自我保护,避免受到网络不良和违法信息的侵扰。那么,具体可以怎么做呢?

第一,善用 App、网络平台等提供的举报功能。根据法律规定,网络平台应当建立便捷有效的投诉举报渠道,及时处理相关投诉。当我们发现不良和违法信息在相关渠道中传播时,可以首先向 App、平台客服进行投诉,以减少此类信息的产生和传播,助力网络空间净化。

第二,不随意访问未备案的网站和 App。为打击不良和违法信息的传播,我国法律要求网站和 App 应当向有关部门备案,并在网站主页底部的中央位置,App 的显著位置标明备案编号。我们在使用相关服务时,可以关注该网站或App 是否有相应的备案信息,尽量不使用未经备案的网站和App。

　　第三，主动使用手机、电脑等设备中的未成年人网络保护软件，主动使用 App 的"未成年人模式"。根据《未成年人网络保护条例》的规定，手机、电脑等智能终端产品制造者应当在产品出厂前安装未成年人网络保护软件或告知用户安装渠道和方法；网络平台服务提供者应当提供"未成年人模式"或者未成年人专区。未成年人网络保护软件和"未成年人模式"可以有效帮助未成年人避免网络不良和违法信息的侵扰，未成年人在使用相关设备或服务时，可以主动开启。

8.

如何避免陷入"信息茧房"？

我们经常会有这样的体验：当我们点赞、转发了某种类型的文章后，App 会给我们推送更多同类型的文章；当我们点赞、收藏了某种类型的短视频后，App 也会给我们推送更多该类型的短视频。久而久之，只要我们保持登录该账户，App 就会给我们推送大量同类型的内容。这种现象被称为"信息茧房"。具体来说，它指的是在我们的日常网络生活中，网络平台会通过算法和相关技术记录、分析我们的喜好，并将我们喜欢和感兴趣的观点和主题更多地推送给我们，而我们不感兴趣的话题，便会逐渐减少，甚至停止推荐。久而久之，我们接触的网络信息会越来越受限，我们就像被困在茧里的蛹，只能接收到单一的信息，而网络世界中更多元的信息，则被算法这层"茧"阻挡在外。

陷入"信息茧房"会限制我们的视野，使我们失去了解不同事物、观点的机会。长此以往，我们的认知能力、分辨是非的能力，甚至接纳不同观点的能力都可能受到影响。此外，"信息茧房"中的大量低俗、媚俗、软色情等不良信息也会对我们的价值观产生不良影响。

为了避免用户陷入"信息茧房"，《个人信息保护法》第二十四条第二款专门规定，通过自动化决策方式向个人进行信息推送、商业营销，应当同时提供不针对其个人特征的选项，或者向个人提供便捷的拒绝方式。那么，我们在使用App时，如何避免接收的信息过于单一呢？以大家常用的App举例如下。

在抖音中，我们可以在"设置"中打开"个人信息管理"，然后关闭"个性化内容推荐"功能；此外，我们还可以在"青少年守护中心"中打开"使用助手管理"，然后在"内容管理"中调整不同内容的推荐强度。

在快手中，我们可以在"设置"中打开"隐私设置"，然后点击"管理个性化推荐"并关闭该功能；此外，我们还可以点击软件左上角的""按钮，打开"内容偏好"功能，调整不同内容的推荐强度。

在哔哩哔哩中，我们可以在"设置"中打开"隐私权限设置"，然后点击"个性化内容推荐管理"并关闭该功能。

目前，大部分App都已提供了单独设置"个性化推荐"

及"内容偏好设置"等功能，大家可以自行在 App 的"设置"中进行探索，在此我们不一一列举。管理"个性化推荐"只是我们走出"信息茧房"的一小步，要真正接触、拥抱精彩的网络世界，更有赖于我们主动跳出局限、倾听不同的声音、接纳不同的思维和观点。

9.

利用人工智能生成不良和违法信息要承担法律责任吗？

近年来，人工智能、大数据等技术不断融入我们的学习和生活，甚至可以根据我们的指令自动生成图片、视频等。这类具有文本、图片、音频、视频等内容生成能力的模型及相关技术被称为生成式人工智能技术。在这些技术和软件大规模应用的同时，一些别有用心的人也会使用其生成一些不良甚至违法信息，如使用"AI 换脸"生成他人裸照或低俗色情的图片、视频，使用自动文本生成工具编造他人绯闻等。那么，对于这类问题，我国法律是怎么规定的呢？利用人工智能技术生成网络不良和违法信息是否要承担法律责任呢？

2023 年 7 月 10 日，工业和信息化部等多部门联合公布了《生成式人工智能服务管理暂行办法》，其在第四条中就明确规定提供和使用生成式人工智能服务，应当尊重他人合法权益，不得危害他人身心健康，不得侵害他人肖像权、名誉权、荣誉权、隐私权和个人信息权益。中央网信办秘书局在《关于开展"清朗·2023 年暑期未成年人网络环境整治"专项行动的通知》中也专门提出，要警惕利用"AI 换脸""AI 绘图""AI 一键脱衣"等技术生成涉未成年人低俗色情图片视频，以及利用生成式人工智能技术制作发布涉未成年人有害信息等新技术新应用风险。

结合前述法律法规可知：

第一，利用人工智能技术生成任何色情、低俗等危害他人身心健康的信息都属于违法行为。如果恶意生成他人裸照或私密照片、编造他人绯闻，还可能涉嫌侵害他人肖像权、名誉权等权利，情节严重的甚至可能构成侮辱罪、诽谤罪等犯罪，要承担相应的刑事责任。

第二，服务提供者发现使用者利用其技术或服务生成违法内容的，应当及时采取停止生成、停止传输等处置措施，采取模型优化训练等措施进行整改，并向有关主管部门报告；发现使用者从事违法活动的，应当依法依约采取警示、限制功能，暂停或者终止向其提供服务等处置措施，保存有关记录，并向有关主管部门报告。服务者未依法履行相应职责的，要承担法律责任。

发展人工智能技术的初衷是为我们的生活、工作等提供便利，推动社会的发展和进步。在使用这些技术的同时，未成年人不仅要遵守一般的道德规范，不进行恶作剧或者逃避学业任务，更要严格遵守法律规定，不侵犯他人合法权益和社会公共利益。

10.

网络平台在治理不良和违法信息方面有什么责任？

网络平台作为各类网络信息的载体，是打击和治理网络不良和违法信息，保障未成年人身心健康的重要主体。根据《未成年人保护法》第五章、《未成年人网络保护条例》第三章的相关规定，网络平台主要有以下责任。

第一，健全内容生态治理机制。在账号管理、信息发布审核、实时巡查、应急处置等方面尽到相应的管理职责，通过技术手段和人工审核相结合等方式确保不良和违法信息得到有效筛查和处理。

第二，妥善处理网络不良信息。对于可能引发或诱导未成年人模仿不安全行为、实施违反社会公德行为、产生极端情绪、养成不良嗜好等不良信息，网络平台应当在展示前对用户进行显著提示，并且不得在 App 或网站等的首页首屏、弹窗、热搜等醒目位置，易引起用户关注的重点环节呈现；

不得向未成年人发送、推送此类不良信息；专门以未成年人为服务对象的网络产品和服务提供者不得在其产品和服务中制作、复制、发布、传播此类不良信息。

第三，依法阻断网络违法信息。网络平台应当采取有效措施防止制作、复制、发布、传播含有宣扬淫秽、色情、赌博、暴力等危害未成年人身心健康的内容的信息，发现前述信息的，应当立即停止传输相关信息，采取删除、屏蔽、断开链接等处置措施，防止信息扩散，保存有关记录，向网信、公安等部门报告，并对制作、复制、发布、传播上述信息的用户采取警示、限制功能、暂停服务、关闭账号等处置措施。

第四，及时受理并妥善处理涉未成年人投诉。网络平台应当建立健全投诉举报渠道，针对传播侵害未成年人合法权益、影响未成年人身心健康网络信息的行为，网络平台应当及时受理用户投诉并妥善处理。情节严重，涉及违法犯罪的，应当及时向公安等部门报告。

第三章

保护个人信息

1.

什么是个人信息？

信息时代，每个人都会频繁接触到"个人信息"这一概念。例如，在注册各类 App 账号时，App 都会提示用户仔细阅读《用户协议》《隐私政策》等文件，向用户展示平台收集与处理个人信息的相关规则。又如，公安机关常常会提示公民保护个人信息，谨防电信网络诈骗。那么，什么是个人信息？个人信息又包含哪些内容？

《个人信息保护法》规定，个人信息是以电子或者其他方式记录的与已识别或者可识别的自然人有关的各种信息，不包括匿名化处理后的信息。也就是说，如果他人能够通过单独的某个信息或者将其与其他信息结合识别出某人的身份，那么这些信息就属于个人信息的范畴，常见的个人信息包括姓名、出生日期、身份证号码、人脸信息、家庭住址、电话号码、电子邮箱、健康信息、行踪信息等。

尽管《未成年人保护法》《民法典》《个人信息保护法》等相关法律法规对于个人信息的处理以及个人信息主体的权

利作出了较为明确的规定，但是未成年人的认知水平、判断能力以及行为能力尚不成熟，相较于成年人，其个人信息相关权益更易遭到侵害。为了进一步加强未成年人个人信息保护，《未成年人网络保护条例》第四章通过专章规定的方式进一步明确了未成年人个人信息的处理原则，规定了网络服务提供者、个人信息处理者、未成年人的监护人等义务主体在个人信息网络保护方面的主要法律义务，并指导未成年人行使相关权利。未成年人在日常学习和生活中要主动养成和提升个人信息保护的意识和能力，学习相关法律规定，不轻易向陌生人、网站、App 等提供或公开个人信息。保护好个人信息不仅关乎个人隐私与权益的保障，还可以有效抵御电信网络诈骗、网络暴力等违法犯罪活动的侵权风险。

什么是敏感个人信息？

2020年，某市场监督管理局查获了一起14万余条学生个人信息遭培训机构非法收集的案件。涉案培训机构通过不明渠道获得了涉及当地97所各类学校学生的个人信息14万余条，包括学校、学生姓名、性别、班级、住址等。该培训机构在未取得学生及家长同意的情况下，多次电话推销其商业性教育培训业务，后被当地市场监督管理局处以30万元的罚款。此外，针对该培训机构涉嫌非法大量收集个人信息的行为，当地市场监督管理局依法将线索移送公安部门调查处理。

我们在前文介绍了个人信息的概念。在各种各样的个人信息中，有一类信息需要引起特别注意，并进行特殊保护，即敏感个人信息。敏感个人信息是一旦泄露或者非法使用，容易导致自然人的人格尊严受到侵害或者人身、财产安全受到危害的个人信息。根据《个人信息保护法》第二十八条第一款的规定，所有不满14周岁未成年人的个人信息都属于敏感个人信息。上文案例中的教育机构通过不明渠道收集到超过了 14 万条学生个人信息，其中不满 14 周岁学生的姓名、性别、班级、住址等个人信息就属于敏感个人信息。

此外，根据国家标准《信息安全技术 敏感个人信息处理安全要求（征求意见稿）》，常见敏感个人信息还包括以下几类。

（1）生物识别信息：如个人基因、指纹、声纹、掌纹、眼纹、耳廓、虹膜、面部识别特征、步态等。

（2）宗教信仰信息：如个人信仰的宗教、加入的宗教组织、在宗教组织中的职位、参加的宗教活动、特殊宗教习俗等。

（3）特定身份信息：如犯罪人员身份信息、残障人士身份信息、特定工作信息（如军人、警察）、身份证件号码。

（4）医疗健康信息：如病症、住院志、医嘱单、检验报告、检查报告、手术及麻醉记录、护理记录、用药记录、生育信息、家族病史、传染病史等。

（5）金融账户信息：如个人银行、证券、基金、保险、公积金等账户的账号及密码，公积金联名账号，支付账号，银行卡磁道数据（或芯片等效信息）以及基于账户信息产生的支付标记信息等。

（6）行踪轨迹信息：如个人实时精准定位信息、GPS 车辆轨迹信息、航班车票信息、特定住宿信息等。

（7）身份鉴别信息：如登录密码、支付密码、账户查询密码、交易密码、动态口令、口令保护答案等。

（8）其他敏感个人信息：如网页浏览信息、婚史、性取向、通信内容、征信信息、未公开的违法犯罪记录等。

正是因为敏感个人信息对于保障我们的人格尊严、人身安全、财产安全具有至关重要的意义，《民法典》《个人信息保护法》以及相关司法解释、国家标准等对于敏感个人信息的处理规则作出了相较于一般个人信息更为严格的规定。未成年人和父母在日常生活中，要注重加强对未成年人敏感个人信息的保护，避免被不法分子滥用，引发安全风险。

3.

个人在个人信息处理活动中享有哪些权利？

2019 年 4 月，郭某花费 1360 元购买了某野生动物世界双人年卡，同时留下了自己与妻子的姓名、身份证号码，并拍了照，录入了指纹。后来，野生动物世界将入园方式从指纹识别调整为人脸识别，未注册人脸识别的用户无法正常入园。2019 年 10 月，郭某向人民法院提起诉讼，要求确认野生动物世界强制录入指纹和注册人脸识别的行为无效、判令野生动物世界删除相关信息并承担有关赔偿费用。经二审判决，野生动物世界被判令赔偿郭某合同利益损失及交通费共计 1038 元，并被判令删除郭某办理年卡时提交的指纹识别信息和包括照片在内的面部特征信息。

上述"郭某诉某野生动物世界有限公司案"是我国第一起涉及人脸识别技术使用纠纷的民事案件，该案判决明确肯定了个人信息主体享有删除权。除此以外，个人信息主体还享有哪些权利呢？我国于 2021 年 8 月通过并公布《个人信息保护法》，开启了以专门立法保护个人信息的时代，《个人信息保护法》以第四章专章规定了个人在个人信息处理活动中的权利，具体而言，主要包括以下几项。

（1）知情权、决定权：个人对其个人信息的处理享有知情权、决定权，有权限制或者拒绝他人对其个人信息进行处理。

（2）查阅权、复制权：个人有权向个人信息处理者查阅、复制其个人信息。个人请求查阅、复制其个人信息的，个人信息处理者应当及时提供。

（3）更正权、补充权：个人发现其个人信息不准确或者不完整的，有权请求个人信息处理者更正、补充。个人请求更正、补充其个人信息的，个人信息处理者应当对其个人信息予以核实，并及时更正、补充。

（4）删除权：出现处理目的已实现、无法实现或者为实现处理目的不再必要等情形时，个人信息处理者应当主动删除个人信息；个人信息处理者未删除的，个人有权请求删除。

（5）可携带权：个人请求将个人信息转移至其指定的个人信息处理者，符合国家网信部门规定条件的，个人信息处理者应当提供转移的途径。

4.

个人信息泄露有哪些危害？

　　2019 年，某人民法院公开宣判了一起因"父母在朋友圈晒娃"而引发的敲诈勒索案。当事人李某经常在朋友圈发布自己孩子参加夏令营、所在学校、家庭经济情况的信息，后李某收到一封信件，寄件人表示已经掌握了李某的家庭、子女情况，并索要 170 万元，否则便会对其子女"下手"。李某报案后，公安机关很快将犯罪嫌疑人抓获。公安机关经讯问得知，犯罪嫌疑人是李某的微信好友，因多次看到李某的朋友圈出现豪车、豪宅以及孩子的各类信息，便认为李某经济条件不错并且非常爱自己的孩子，进而萌生出以其子作为威胁，敲诈勒索李某的想法。

　　在数字时代，个人信息的重要性日益凸显，个人信息被广泛应用于社交、购物、金融、医疗等领域。然而，个人信息安全事件频发，也引发了人们对个人信息安全的担忧。南都数字经济治理研究中心、对外经济贸易大学数字经济与法律创新研究中心等于 2023 年 11 月 1 日发布的《〈个人信息保护法〉实施两周年观察报告》显示，在其调研的 3139 名对象中，98.47% 的受访者都表示曾遭遇过个人信息被侵犯的情况，包括多次接到无关的骚扰或推销电话，使用 App、小程序时被强制或频繁索取无关个人信息，进入某小区、写字楼等被强制刷脸，遭遇电信诈骗，身份被冒用等，平均每位受访者曾遭遇过 2.36 类个人信息泄露事件。个人信息泄露可能带来多种安全风险和危害，我们结合公开案例和媒体报道，整理出如下几种问题。

第一，不法侵扰问题。我们的个人信息被泄露后，一方面，我们可能会频繁接到骚扰信息和电话，对学习、生活造成干扰。另一方面，这还可能引发网络欺凌、恶意损害形象等不法侵害行为。

第二，电信网络诈骗问题。在一些案例中，犯罪分子在精确掌握我们个人信息的前提下，会编造出很多具有迷惑性和一定可信度的诈骗场景，如缴纳学杂费、中奖通知等，对我们实施电信网络诈骗等违法犯罪活动。

第三，人身和财产安全问题。在一些案例中，犯罪分子在获取了我们的行踪轨迹、家庭住址等敏感个人信息后，可能会策划抢劫、绑架、拐卖等恶性犯罪事件。如果我们的银行卡账号、支付密码等被泄露，还可能引起资金被窃取等风险。例如，上文案例中的李某随意在朋友圈这样的公开渠道发布子女学校、家庭经济情况等信息，被他人实施敲诈勒索。如果公安机关未能及时介入、妥善处理，很容易引发恶性案件。

5.

未成年人怎么预防个人信息泄露？

通过前文的学习，相信大家已经了解了个人信息的重要性。那么，在日常学习生活中，以及使用网络服务时，未成年人应当如何保护自己的个人信息，避免泄露呢？

第一，不随意公开个人信息。我们在 QQ 空间、朋友圈、微博等平台发布信息时，要明白这些信息可能会被有心之人看到并非法使用，为此，务必在信息发布前确认是否对相关个人信息进行了处理。例如，文字、图片或视频中是否隐藏了真实姓名、家庭住址、学校名称、电话号码、身份证号码等，是否关闭了展示家庭住址等敏感地理位置的功能。

第二，不随意向陌生人提供个人信息。我们在进行网络社交时要明白，任何人都可能在网络中隐藏自己的真实身份，为此，我们不能仅凭短时间的网络接触就给予对方完全的信任，更不能贸然向对方提供自己的个人信息。

第三，认真了解相关服务隐私政策和协议。在使用任何网站、应用程序或服务之前，都应仔细阅读隐私政策和用户协议，了解个人信息处理者处理个人信息的相关方式、用户享有的权益及其他相关条款。如果用户属于不满 14 周岁的未成年人，根据《个人信息保护法》第三十一条第二款之规定，个人信息处理者还应当制定专门的个人信息处理规则。

第四，拒绝过度提供个人信息。根据《未成年人网络保护条例》第三十二条之规定，个人信息处理者应当严格遵守国家网信部门和有关部门关于网络产品和服务必要个人信息范围的规定，不得强制要求未成年人或者其监护人同意非必要的个人信息处理行为，不得因为未成年人或者其监护人不同意处理未成年人非必要个人信息或者撤回同意，拒绝未成年人使用其基本功能服务。例如，当我们仅使用抖音、快手等短视频 App 的短视频浏览功能时，便不需要提供任何个人信息。

第五，注意网络安全与密码管理。不要随意连接未知的无线网络，避免使用生日、姓名拼音等容易猜到的密码，不要随意将密码自动存储在公共设备上，不要长时间、多账号使用同一密码。

第六，开启手机和 App 的骚扰信息屏蔽拦截功能。目前，市面上绝大多数品牌的手机都内置了垃圾短信、骚扰电话屏蔽功能。未成年人常用的音视频、社交 App 也内置有"未成年人模式""隐私安全"等功能。未成年人可开启这些功能，避免垃圾信息或骚扰信息的侵扰。

第七，丢弃个人物品前抹除个人信息。当我们在丢弃快递单、身份证复印件、考试报名表、火车票、登机牌等包含个人信息的材料时，务必提前抹除个人信息。

6.

发现个人信息泄露怎么办？

对于未成年人而言，当我们发现个人信息在网络平台上传播、被泄露或疑似泄露时，应该怎么处理来最大程度地减轻不良影响并维护自身合法权益呢？

第一，及时联系传播个人信息的平台，要求其删除、屏蔽。《民法典》第一千一百九十五条第一款规定，网络用户利用网络服务实施侵权行为的，权利人有权通知网络服务提供者采取删除、屏蔽、断开链接等必要措施。因此，如果我们发现他人通过微信、QQ、微博、抖音或者其他平台公开我们的个人信息，可以及时与平台客服联系，表明身份，要求平台对这些信息进行删除、屏蔽等处理，防止不良影响进一步扩大。

第二，及时修改常用账户密码。当我们发现自己的各类账户存在异地登录的情况，或者 App、网站弹出风险提示时，便表明我们的账号存在被盗风险，储存在账户中的个人信息可能被他人获取。这时，我们要及时修改账户登录密码，并保证密码具有一定的复杂性。如果账号存在安全隐患，还可向客服寻求帮助。

第三，向相关部门投诉举报。如果发现他人或平台不当收集或使用个人信息，应立即向相关部门举报。根据《个人信息保护法》第六十五条第一款之规定，任何组织、个人有权对违法个人信息处理活动向履行个人信息保护职责的部门进行投诉、举报。收到投诉、举报的部门应当依法及时处理，并将处理结果告知投诉、举报人。其中，履行个人信息保护职责的部门指国家网信部门、国务院有关部门和县级以上地方人民政府有关部门。

第四，向人民法院提起诉讼。《民法典》第一千零三十四条第一款规定，自然人的个人信息受法律保护。个人信息被他人侵犯并且造成人身损害、财产损失的，可以向人民法院提起诉讼，要求侵权人承担相应的民事侵权责任，包括但不限于停止侵害、赔礼道歉、赔偿损失、消除影响、恢复名誉等。

第五，情况较为严重的应及时报警。如果因个人信息泄露给我们带来人身安全、经济方面的隐患或损失，如他人扬言掌握了我们的住址，将实施侵害行为，或者我们的账户资金被盗取时，就要及时向公安机关报案，由公安机关处理。

7.

App 收集个人信息有什么限制？

在数字时代，App 已经成为人们生活中不可或缺的一部分，在社交、购物、娱乐、工作、学习等方面为我们带来了极大的便利和乐趣。然而，一些 App 也给用户带来了个人信息安全方面的隐患。例如，不少网络平台为了获取更多个人信息用于用户画像分析、商业营销，或者其他不当商业行为，出现了利用其 App 非法获取、超范围收集、过度索取个人信息等违法违规收集使用、侵害个人信息的行为。

那么，App 违法违规收集使用个人信息行为具体包括哪些呢？2019 年 11 月 28 日，工业和信息化部等多部门联合发布《App 违法违规收集使用个人信息行为认定方法》，明确以下六种情形属于 App 违法违规收集使用个人信息行为：一是未公开收集使用规则；二是未明示收集使用个人信息的目的、方式和范围；三是未经用户同意收集使用个人信息；四是违反必要原则，收集与其提供的服务无关的个人信息；五是未经同意向他人提供个人信息；六是未按法律规定提供删除或更正个人信息功能或未公布投诉、举报方式等信息。

2021 年 3 月 12 日，工业和信息化部等多部门又联合发布了《常见类型移动互联网应用程序必要个人信息范围规定》，规定了地图导航、网络约车、即时通信等 39 类常见类型 App 的必要个人信息范围。我们根据该规定，列举部分常见类型 App 的必要个人信息范围。

第一，地图导航类 App 的必要个人信息包括：位置信息、出发地、到达地。

第二，网络约车类 App 的必要个人信息包括：注册用户移动电话号码，乘车人出发地、到达地、位置信息、行踪轨迹，支付时间、支付金额、支付渠道等支付信息。

第三，即时通信类 App 的必要个人信息包括：注册用户移动电话号码、账号、即时通信联系人账号列表。

第四，网上购物、餐饮外卖类 App 的必要个人信息包括：注册用户移动电话号码，收货人姓名（名称）、地址、联系电话；支付时间、支付金额、支付渠道等支付信息。

第五，网络游戏、学习教育类 App 的必要个人信息包括：注册用户移动电话号码。

第六，网络社区类 App 的必要个人信息包括：注册用户移动电话号码。

第七，短视频、网络直播、在线影音、新闻资讯、电子图书、拍摄美化类 App，在无须用户提供个人信息的前提下，即应当允许用户使用基本功能服务。

《常见类型移动互联网应用程序必要个人信息范围规定》还列举了其他类型 App 收集用户必要个人信息的范围，我们不在此处全部列举，感兴趣的读者可以自行查阅。

未成年人使用社交软件需要实名认证吗?

早在 2014 年,国家互联网信息办公室就发布了《即时通信工具公众信息服务发展管理暂行规定》,该规定第六条第一款提出即时通信工具服务提供者应当按照"后台实名、前台自愿"的原则,要求使用者通过真实身份信息认证后注册账号。《未成年人网络保护条例》第三十一条第一款也明确规定,网络服务提供者为未成年人提供信息发布、即时通讯等服务的,应当依法要求未成年人或者其监护人提供未成年人真实身份信息。未成年人或者其监护人不提供未成年人真实身份信息的,网络服务提供者不得为未成年人提供相关服务。

因此,根据上述法律规定,未成年人使用微信、QQ、微博等具有即时通信、信息发布功能的社交软件时,应当主动进行实名认证。那么,如何落实未成年人实名认证呢?我们认为有以下几点问题需要注意。

第一,未成年人应当具备实名认证的意识。未成年人应当意识到，实名认证不仅是国家法律政策的要求，也是保证其合法权益免遭不法侵害的重要安全措施。未成年人用户可在注册使用相关账户时，根据页面指引提交相应身份信息，完成认证。以微信为例，用户可以点击"我"，点击"服务"，然后点击"钱包"，在"身份信息"处，根据 App 提示提交相应的身份信息即可。

第二，监护人应当协助未成年人完成实名认证。监护人应当积极履行对未成年人的监护职责，提升自身网络素养，积极协助并督促未成年人完成实名认证，增强未成年人的法治意识和网络安全意识，保障未成年人正确使用互联网，避免其遭受或实施不法侵害。

第三，切勿租售、买卖他人的实名账号或者使用他人身份进行实名认证。以微信为例，其《软件许可及服务协议》明确提到，用户在使用微信服务时，务必妥善保管个人账号及密码，不得非法买卖、出租、出借个人账号。租售、买卖他人账号的行为不仅可能因违反平台规则受到停号、封号等处罚，或者陷入民事纠纷，严重者还可能构成违法犯罪。

9.

违法公开他人的个人信息要承担什么法律责任？

最高人民法院曾公布一起利用互联网侵害未成年人个人信息和隐私权的典型案件。某网络公司在其网站刊出了一组探访戒网瘾学校的文章，并附有数张未成年人的照片。该网络公司不仅未对未成年人的照片进行模糊处理，还在照片上配了"一名上网成瘾的女孩"和"这名女孩到这里戒网瘾"等文字。照片上的女孩认为公司的行为侵犯了自己的个人信息及隐私权,将该公司诉至人民法院。最终,人民法院判决网络公司在其网站上发布赔礼道歉声明,并赔偿女孩精神损害抚慰金 1 万元。

很多人都听说过"人肉搜索""个人信息侵权"相关新闻,一些未成年人还曾是此类行为的受害者或参与者。这种在未经允许的情况下,将他人的肖像、姓名、电话、身份证号码等个人信息公开在网络上的行为已经违反了法律规定,要承担相应的法律责任。具体来说包括以下内容。

第一,民事责任。我国《民法典》第一百一十一条规定,自然人的个人信息受法律保护。如果在网络中非法公开、传播他人个人信息,给他人造成损害,就可能要承担赔礼道歉、赔偿损失等民事责任。上文案例中的网络公司在未经该女孩同意的情况下便将其照片发布到网络上,就构成了民事侵权。

第二,行政责任。如果公开、传播的个人信息中包含他人的隐私,行为达到一定严重程度,还可能违反《治安管理处罚法》第四十二条中关于散布他人隐私的规定,依法需要接受拘留、罚款等治安管理处罚。例如,2021 年 1 月,某市公安局公布了一起疫情期间故意散布他人隐私信息的治安案件。居民张某在多个微信群散布确诊病例密接者的个人信息，导致该信息在网络上大量传播，最终被当地公安局处以行政拘留 5 日。

第三，刑事责任。向他人提供、出售公民的个人信息，情节严重的，还可能违反《刑法》第二百五十三条之一的相关规定，构成侵犯公民个人信息罪。如果行为人达到了相应的刑事责任年龄，就要依法承担刑事责任，接受有期徒刑、拘役、罚金等刑事处罚。例如，最高人民检察院曾发布一起侵犯公民个人信息的典型案例，自 2016 年 1 月至案发，柯某通过运营网站共非法获取客户信息 30 余万条，并将其以会员套餐的方式出售，获利达 150 余万元，最终被人民法院以侵犯公民个人信息罪判处有期徒刑 3 年，缓刑 4 年，并处罚金160 万元。

10.

网络平台对于未成年人个人信息保护有什么责任?

　　网络平台作为直接收集、储存、加工未成年人个人信息的主体,对于保护未成年人个人信息负有不可推卸的责任。除《个人信息保护法》中赋予网络平台作为个人信息处理者的义务外,结合《未成年人网络保护条例》第四章及《儿童个人信息网络保护规定》的相关规定,网络平台还应当积极履行以下几项特殊责任。

　　第一,严格落实"必要个人信息"原则。不得强制要求未成年人或者其监护人同意非必要的个人信息处理行为,也不得因为未成年人或者其监护人不同意处理未成年人非必要个人信息或者撤回同意,而拒绝未成年人使用其基本功能或服务。

　　第二,保障未成年人及其监护人的知情权,以及查阅、复制、删除等各项权利。网络平台不仅应当向未成年人或者其监护人告知个人信息的处理目的、处理方式、保存期限等事项，还应当设置便利的渠道，以保障未成年人及其监护人依法查阅、复制、更正、补充、删除未成年人的个人信息。以抖音 App 为例，我们可以在"设置"功能中阅读"隐私政策及简明版"，以了解抖音关于个人信息处理的相关规则；在"个人信息管理"中下载储存在抖音中的个人信息。

第三，私密信息的风险提示和保护义务。网络服务提供者发现未成年人私密信息或者未成年人通过网络发布的个人信息中涉及私密信息的，应当及时提示，并采取停止传输等必要保护措施，防止信息扩散。发现未成年人可能遭受侵害的，应当立即采取必要措施保存有关记录，并向公安机关报告。例如，当社交 App 发现未成年人用户受不法分子胁迫，发送自己的私密照片或视频时，就应当及时弹出风险提示、阻断相关信息的传输，并依法履行报告义务。

第四，制定专门规则并设置专门人员。网络平台处理不满 14 周岁的未成年人个人信息的，应当制定专门的个人信息保护规则和用户协议，并指定专人负责相关个人信息保护工作。

第五，定期进行专业合规审计。网络平台处理未成年人个人信息的，应当自行或委托专业机构，每年对其处理未成年人个人信息遵守法律、行政法规的情况进行合规审计，并将审计情况及时报告网信等部门。

当前，个人信息已经成为重要的数字经济资源，如何平衡拥有大量个人信息、数据以及强大技术力量的网络平台的权限和用户权利，成为需要全社会共同解决的难题。除国家治理、企业合规、行业自律外，我们每一个用户，包括未成年人及其监护人在内，都应参与其中。发现网络平台未履行上述职责的情况时，未成年人及其监护人可以通过向工业和信息化部、网信部门、消费者协会等投诉举报，也可以通过诉讼途径依法维权，情节严重或者涉嫌违法犯罪活动的，则要及时报警。我们要积极行使、维护自己的权利，监督网络平台依法、依规运营。

第四章

防范电信网络诈骗

1.

什么是电信网络诈骗？

"捐 80 返 880，捐 100 返 1000！"这是 14 周岁的兰兰在刷短视频时偶然看到的一条"红十字会"号召大家捐款的消息。兰兰心想，捐款不仅能帮到其他人，还能通过返现获得零花钱，便添加了"红十字会工作人员"的账号。很快，对方将兰兰拉到了一个 QQ 群，在群里发布了返现成功的截图。兰兰信以为真，便按照工作人员的指示，捐款 80 元，并将自己的微信收款码发给了对方，等待返现。然而，兰兰等来的并不是 880 元的返现，而是"工作人员"发来的警告："你是未成年人你怎么不早说啊？未成年人不能捐款！因为你捐款，我们的账号都被冻结了，你现在赶紧使用你父母的手机配合我们进行账户解冻，否则我们就要起诉你，把他们全都抓起来……"被吓坏的兰兰于是按照骗子的要求，先是将父母的银行卡账号提供给了骗子，接着又拿到父母的手机，将收到的验证码提供给了骗子。等父母发现时，银行卡内的余额已经被全部转走。

　　电信网络诈骗一直是互联网违法犯罪行为的高发类型。公安部的数据显示，2022 年，我国共破获电信网络诈骗案件 46.4 万起，同比上升 5%。为阻止民众遭受电信网络诈骗，2022 年，全国公安机关累计推送预警指令 2.4 亿条。那么，到底什么是电信网络诈骗呢？

　　根据《反电信网络诈骗法》第二条的规定，电信网络诈骗，是指以非法占有为目的，利用电信网络技术手段，通过远程、非接触等方式，诈骗公私财物的行为。上文案例中的兰兰遭遇的就是典型的电信网络诈骗。

　　随着未成年人使用网络的比例不断增加，触网年龄不断降低，近年来，犯罪分子也越来越多地将未成年人作为实施电信网络诈骗的对象，"红十字会捐款返现""未成年人免费领取游戏装备""进入明星内部粉丝群领礼品"等都是近期在未成年群体中频发的骗局。未成年人在使用网络时，一定要擦亮双眼，不要轻信"天上掉馅饼"，如果无法判断，应及时与父母沟通，以最大限度避免成为电信网络诈骗的受害者。

2.

常见的电信网络诈骗方式有哪些？

我们在前文为大家介绍了电信网络诈骗的基本概念，接下来我们结合媒体报道及真实案例，梳理出一些针对未成年人的常见电信网络诈骗手段。

第一，活动类诈骗。犯罪分子常通过虚构有奖转发、免费提现、节目中奖、积分兑换、限时返利、免费领取游戏道具等活动，诱导未成年人添加其为好友或提供个人信息，继而实施诈骗活动。例如，根据央视网的一则报道，诈骗分子先是在游戏中发布广告，谎称寻找 13 周岁以下玩家赠送礼物和游戏装备。在被害未成年人扫码领取道具时，诈骗分子谎称因被害人属于未成年人，平台开启了自动扣款功能，如需取消需要使用家长手机网银验证。被害人信以为真，便偷偷使用了父亲的手机进行验证，诈骗分子趁机获取了被害人父亲银行卡的支付密码并盗取资金近 2 万元。

第二，冒充身份类诈骗。犯罪分子通常会伪装成未成年人的亲属、朋友、同学、老师，或者政府工作人员、司法机关工作人员等，以借钱、领取助学金、缴纳学杂费、谎称未成年人涉嫌违法犯罪等事由实施电信网络诈骗。例如，在一起诈骗案件中，犯罪分子先是谎称可以免费领取明星签名照，并将被害未成年人拉入群聊。随后，另一诈骗分子在群内假冒网警，称因群内有人泄露了明星隐私，需要所有群成员配合调查，否则便会对其监护人进行拘捕。被害人信以为真，便使用父母的银行卡向假冒的网警转账，支付了所谓的"保证金"，被骗金额高达 5 万元。

第三，网络购物类诈骗。犯罪分子通常会伪装成平台客服、平台卖家、银行工作人员、快递公司工作人员等，以打折优惠、支付定金、账户冻结、快递丢失等理由实施电信网络诈骗。例如，根据央视新闻的一则报道，14 周岁的小丽一天接到一通陌生电话，对方自称是快递公司客服，因小丽购买的某件商品丢失，快递公司主动进行理赔服务，小丽便添加了对方的微信好友。之后，小丽按照对方的提示填写了妈妈的银行卡账号，并提供了短信验证码。没想到，小丽的行为导致妈妈的银行卡被盗刷近 10 万元。

3.

遭受电信网络诈骗应该如何处理?

在各类电信网络诈骗层出不穷的情况下,未成年人除了要学会识别电信网络诈骗手段,也要学习一些遭受电信网络诈骗后的正确处理方式。当我们不幸遭遇电信网络诈骗后,这些知识可以帮助我们保存证据,降低或追回损失。

第一,保持冷静,及时保存证据。当我们意识到可能不幸遭遇电信网络诈骗时,一定要妥善保存与诈骗分子的沟通记录、转账记录等信息。这些信息是帮助公安机关侦破案件、追回经济损失的重要证据。对于通话记录、短信记录、聊天记录等,我们可以通过手机、电脑自带的截图或录屏功能进行保存,在保存聊天记录的过程中,要注意显示出对方的手机号码、微信账号、QQ账号、昵称、头像等信息;对于诈骗分子提供的网页,除了截图或录屏外,还要特别注意保存网页的对应网址、域名或IP地址;如果诈骗分子通过QQ、微信等向我们发送诈骗软件,则要保存软件安装包文件;如果涉及转账等操作,还可以在微信、支付宝等App中申请导出账单。

第二，主动告诉父母，并尽快向平台反馈遭受电信网络诈骗的情形。根据《未成年人网络保护条例》第二十九条之规定，网络产品和服务提供者在发现用户发布危害未成年人身心健康或侵害未成年人合法权益信息时，应当立即停止传输相关信息，采取删除、屏蔽、断开链接等处置措施，防止信息扩散，保存有关记录，向网信、公安等部门报告，并对制作、复制、发布、传播上述信息的用户采取警示、限制功能、暂停服务、关闭账号等处置措施。为此，我们可以在父母的帮助下及时和平台取得联系，一方面提示平台及时保存对方违法犯罪的相关证据，另一方面也可以在一定程度上避免其他人再次遭遇类似骗局。

第三，及时止损，不要抱有侥幸心理。在部分电信网络诈骗案例中，犯罪分子可能利用被害人的侥幸心理，以各种理由多次诱导被害人转账。当我们意识到可能遭受电信网络诈骗时，就必须及时"收手"，不可听信犯罪分子的任何理由继续转账，避免遭受更大的损失。

第四，情况严重的及时报警。如果我们因电信网络诈骗遭受了经济损失或身心伤害，或者情况较为紧迫，就要及时向公安机关报案。公安机关会依法立案，并进行相应的处理。

4.

未成年人怎么预防遭受电信网络诈骗？

我们几乎每天都会通过短信、邮箱、微信公众号等接收验证码或服务通知。这些服务在给我们的生活提供便利的同时，也可能给电信网络诈骗分子提供可乘之机。他们可能通过伪造身份或以官方通知等形式发送诈骗信息，寻找潜在的被害人。对于未成年人而言，可以通过哪些方法防范这些诈骗信息，避免遭受电信网络诈骗呢？

第一，主动开启手机、邮箱的"骚扰拦截""反垃圾邮件"等功能。目前，绝大多数品牌的手机都内置了诈骗短信、垃圾短信、骚扰电话识别和拦截功能，绝大部分电子邮箱在"设置"中也提供了"反垃圾邮件"功能。我们可以主动开启这些功能，以减少诈骗信息、电话、邮件的侵扰。

第二，学会识别，防范钓鱼网站。实践中，不法分子常通过仿冒官方网站的网址、页面样式和内容，欺骗访问者或者窃取访问者提交的账号、密码等信息。我们在使用搜索引擎查询相关网站时，要注意甄别网站是否带有"官网"标识，搜索引擎检索的网址是否与其他公开信息相符，不随意点击、识别陌生链接和二维码。

第三，学会识别常见的电信网络诈骗手段。常见的电信网络诈骗包括活动类诈骗、冒充身份类诈骗、网络购物类诈骗等，已在前文详细列举。我们可以通过使用"国家反诈中心"App、阅读各地司法机关及主流媒体发布的相关新闻案例，学会识别这些常见的诈骗手段，避免陷入不法分子的圈套。

第四，摆正心态，不轻信中奖信息。不法分子常通过"中奖""提现""高额优惠"等骗局使被害人放松警惕，冲破其心理防线，诱导被害人提供银行账户等个人信息，进而实施电信网络诈骗行为。我们在收到这类信息时，一定不要相信"天上掉馅饼"，而应果断无视、删除这类信息。

第五，了解七大官方反诈工具。为了最大限度地预防电信诈骗的发生、减少群众的财产损失，公安部、工业和信息化部、中国人民银行等多部门联合推出了"国家反诈中心"App、"96110"预警劝阻专线、"12381"涉诈预警劝阻短信系统、全国移动电话卡"一证通查"、云闪付App"一键查卡"、反诈名片、全国互联网账号"一证通查2.0"七大反诈工具，未成年人要主动关注并学会使用。

5.

父母怎么帮助孩子预防电信网络诈骗？

父母作为未成年子女的监护人，对孩子负有法定的教育和保护职责。针对在未成年人群体中高发的电信网络诈骗活动，父母可以采取哪些措施，帮助孩子免遭电信网络诈骗呢？

第一，向孩子普及常见的电信网络诈骗手段。在未成年人群体中高发的电信网络诈骗手段包括红包返利、低价出售游戏角色或皮肤、冒充同学借钱、明星粉丝招募及打榜活动集资等。父母平时要有意识地关注各地司法机关发布的典型案例及新闻，向孩子普及常见的电信网络诈骗手段，不断提升孩子的识别能力。

第二，帮助孩子使用未成年人网络保护软件或"未成年人模式"。如果孩子有自己的手机、平板电脑等设备，父母要注意打开设备中的未成年人网络保护软件，以及孩子常用App的"未成年人模式"，以避免诈骗信息对孩子的侵扰。

第三，妥善保管自己的身份证件、银行卡账号密码、微信及支付宝支付密码、手机验证码等。因未成年人多无钱财可供诈骗，实践中，诈骗分子往往会在与未成年人建立联系后，诱骗未成年人偷偷使用父母的银行卡、身份信息，进行所谓的"信息验证"。父母一定要妥善保管前述信息，不随意告知孩子。一旦发现银行账户存在异常，要及时核实并修改支付密码，必要的时候报警处理。

6.

实施电信网络诈骗要承担什么法律责任?

实施电信网络诈骗是要承担法律责任的!

近年来，新型电信网络诈骗层出不穷。一些不法分子为逃避司法机关的打击、降低违法犯罪活动成本，遂利用未成年人缺少社会经验和法律常识等特点，以"网络兼职""技术支持"等为幌子，操纵未成年人实施电信网络诈骗。例如，根据某地公安机关发布的案例，犯罪分子在网络上发布了"做兼职 100 元 / 小时，拨打客服电话"的兼职信息，实则是要求未成年人协助境外诈骗人员实施远程语音诈骗。未成年人一旦和他们建立联系，就陷入了参与违法犯罪的深渊。那么，实施电信网络诈骗行为要承担什么法律责任呢？

第一，行政责任。《治安管理处罚法》第四十九条、第二十九条规定，诈骗公私财物的，处以拘留，可以并处罚款；违反国家规定，侵入计算机信息系统，或者故意制作、传播计算机病毒等破坏性程序，影响计算机信息系统正常运行的，处以拘留。《反电信网络诈骗法》第三十八条也规定，实施、参与电信网络诈骗活动或者为电信网络诈骗活动提供帮助，尚不构成犯罪的，由公安机关处 10 日以上 15 日以下拘留，没收违法所得，并处罚款。因此，不论是直接参与实施电信网络诈骗行为，还是为不法分子提供电信网络诈骗技术支持或其他帮助，都可能触犯法律，要接受相应的处罚。

第二，刑事责任。根据《刑法》一百九十六条，第二百八十七条之一、之二等规定，如果实施电信网络诈骗，数额较大或者情节严重，还可能构成信用卡诈骗罪、非法利用信息网络罪等犯罪，最高可处无期徒刑，并处罚金或者没收财产。即便未直接参与实施电信网络诈骗行为，但在明知他人利用信息网络实施犯罪的情况下，仍然为其提供互联网接入、服务器托管、支付结算等帮助的，情节严重者，也可能构成帮助信息网络犯罪活动罪，处 3 年以下有期徒刑或者拘役，并处或者单处罚金。

近年来，未成年人犯帮助信息网络犯罪活动罪等网络犯罪数量不断增加，大量未成年人因社会阅历不足、法治观念不强、自我保护意识较弱，为了蝇头小利出卖、租售自己的手机卡、银行卡等，成为电信网络诈骗犯罪活动的"工具人"，应当引起未成年人及家长的高度重视。关于帮助信息网络犯罪活动罪、信用卡诈骗罪的具体构成以及常见行为，我们将在下文详细讲述。

什么是帮助信息网络犯罪活动罪？

　　云南省某人民法院曾发布一起未成年人犯帮助信息网络犯罪活动罪的典型案例。钱某是某高中学生，在明知朋友李某利用信息网络实施犯罪的情况下，仍把自己的银行卡出借给李某用于结算犯罪资金，并从中获得 1500 元的"好处费"。后来，李某等人被公安机关抓获，经核对，钱某提供的银行卡涉及转移、结算犯罪资金共计 50 余万元，钱某也被公安机关刑事立案。人民法院审理后认为，钱某明知李某利用信息网络实施犯罪，仍为犯罪活动提供帮助，情节严重，其行为已构成帮助信息网络犯罪活动罪。虽然钱某是未成年人，但其犯罪时已经年满 16 周岁，应当依法承担刑事责任。最终，人民法院判处钱某有期徒刑 6 个月，缓刑 1 年。

　　根据最高人民检察院在 2023 年 5 月 31 日 "检爱同行　共护花开——加强未成年人网络保护综合履职" 新闻发布会上公布的数据，2020 年至 2022 年，检察机关审结未成年人涉嫌帮助信息网络犯罪活动罪人数分别为 236 人、3001 人、

5474 人，2022 年同比上升 82.4%。可见，帮助信息网络犯罪活动罪已经成为未成年人参与实施电信网络诈骗行为中高发的罪名之一，且有逐年上升的趋势。那么，什么是帮助信息网络犯罪活动罪呢？

根据《刑法》第二百八十七条之二的规定，帮助信息网络犯罪活动罪是指明知他人利用信息网络实施犯罪，为其犯罪提供互联网接入、服务器托管、网络存储、通讯传输等技术支持，或者提供广告推广、支付结算等帮助，情节严重的行为。在未成年人群体中，涉嫌帮助信息网络犯罪活动罪的行为主要是向犯罪分子租售自己的银行卡、手机卡、微信或支付宝账号等用于犯罪活动或收取犯罪所得。例如，上文案例中，钱某在明知李某从事信息网络犯罪活动的情况下，仍向其提供自己的银行卡用于实施犯罪活动，就构成帮助信息网络犯罪活动罪。

构成帮助信息网络犯罪活动罪的，处 3 年以下有期徒刑或者拘役，并处或者单处罚金。未成年人切莫为获取蝇头小利向他人租售自己的银行卡、手机卡或微信、支付宝等账号，避免成为犯罪分子的"工具人"。

8.

什么是信用卡诈骗罪？

北京市某人民法院曾发布一起未成年人犯信用卡诈骗罪的典型案例。高中生李某通过暗网了解到，犯罪分子可使用特殊设备复制他人信用卡，并通过自动取款机支取现金。李某随后便与犯罪分子建立联系，购买了相关设备并复制了大量信用卡。之后，李某伙同其同学，持复制的信用卡在当地多处自动取款机取款近百万元，后被公安机关抓获。人民法院经审理认定，李某及其同学的行为构成信用卡诈骗罪，最终判处李某有期徒刑5年，并处罚金5万元。

信用卡诈骗罪也是未成年人参与实施电信网络诈骗行为中的常见罪名。根据《刑法》第一百九十六条的规定，信用卡诈骗罪是指以非法占有为目的，进行信用卡诈骗活动，数额较大的行为。在未成年人群体中，涉嫌信用卡诈骗罪的行为主要是未成年人根据犯罪分子指使，使用伪造的信用卡支取现金的行为。

信用卡诈骗罪是严重的经济犯罪，犯罪数额在5000元以上不满 5 万元的属于"数额较大",处 5 年以下有期徒刑或者拘役,并处 2 万元以上 20 万元以下罚金;数额在 5 万元以上不满 50 万元的属于"数额巨大",处 5 年以上 10 年以下有期徒刑,并处 5 万元以上 50 万元以下罚金;数额在 50 万元以上的,则属于"数额特别巨大",处 10 年以上有期徒刑或者无期徒刑,并处 5 万元以上 50 万元以下的罚金或者没收财产。

9.

网络平台对于防范未成年人遭受电信网络诈骗有什么责任？

因电信网络诈骗活动具有匿名性、远程性等特点，被害人一旦遭受诈骗，要追回经济损失往往十分困难。为此，作为诈骗分子实施犯罪活动的载体和工具，网络平台对于防范未成年人遭受电信网络诈骗具有不可推卸的责任。根据《反电信网络诈骗法》《未成年人保护法》《未成年人网络保护条例》等法律法规，网络平台主要具有以下责任。

第一，实名核验。根据《反电信网络诈骗法》第二十一条的规定，电信业务经营者、互联网服务提供者在为用户提供信息、软件发布服务，或者提供即时通讯、网络交易、网络游戏、网络直播发布、广告推广等服务时，应当依法要求用户提供真实身份信息。

第二，安全管理。网络平台既要对用户发布的涉嫌电信网络诈骗信息进行相应的筛查处理，避免诈骗信息传播；也要对异常账号、用户的异常行为进行相应的识别处置，对于涉诈异常账号采取限制功能、暂停服务等处置措施，避免诈骗信息进一步传播，给未成年人造成损失。

第三，及时处理相关事件。对于用户投诉的涉未成年人电信网络诈骗信息，网络平台应当及时受理并妥善处置，帮助未成年人固定相关证据并配合处理；对于涉及刑事犯罪的重大电信网络诈骗事件，还要及时向有关部门进行报告，并主动配合司法机关开展相关工作等。

第五章

预防网络性侵害

1.

什么是网络性侵害？

《人民法院报》曾发布一起通过网络对未成年人实施性侵害的典型案例。被害人兰兰 12 周岁，通过短视频 App 与李某相识，并互相添加了微信好友。李某为寻求刺激，采取哄骗等手段引诱兰兰发送隐私部位照片或进行裸聊。兰兰的母亲发现后报警，公安机关遂将李某抓获。人民法院审理后认为，被告人李某借助网络社交平台，引诱未满 14 周岁的未成年人通过发送照片、进行裸聊的方式，暴露身体隐私部位，其行为已构成猥亵儿童罪，最终判处李某有期徒刑 9 个月。

李某的行为属于网络性侵害。结合《刑法》《最高人民法院、最高人民检察院关于办理强奸、猥亵未成年人刑事案件适用法律若干问题的解释》的相关规定，网络性侵害是指不法分子利用网络社交工具，胁迫、诱骗被害人通过网络视频聊天或者发送视频、照片等方式，暴露身体隐私部位或者实施其他淫秽行为的违法犯罪行为。未成年人因触网年龄低、安全意识薄弱、自救能力差，是犯罪分子实施网络性侵害的主要对象。需要指出的是，不论是男性还是女性，都可能成为网络性侵害的被害人。

与发生在现实生活中的性侵害相比，利用网络对未成年人实施性侵害主要有以下特点。

第一，手段更为隐蔽。实践中，犯罪分子常通过社交软件与未成年人建立私密联系，并诱骗、胁迫未成年人隐瞒双方联系的情况，要求未成年人在事后删除相关记录，使犯罪更隐蔽，难以被及时发现。

第二，犯罪持续时间长。在一些案件中，犯罪分子利用未成年人警惕性低、理解能力不足，或害怕被他人知悉等特点，频繁实施网络性侵害行为。当未成年人迫于压力告知父母或被父母发现时，往往已经遭受了较长时间的侵害。

第三，可能发展为线下性侵害。实践中，犯罪分子在掌握未成年人私密照片或视频等信息后，常会以公开私密信息相威胁，要求对未成年人实施线下性侵害。如果发现不及时，就可能对未成年人造成更为严重的身心伤害。

2.

常见的网络性侵害方式有哪些？

根据各地司法机关发布的典型案例及媒体报道，我们总结了以下几种常见的网络性侵害形式。

第一，诱导未成年人发送私密照片或视频。例如，犯罪分子以金钱诱导、语言威胁等方式要求未成年人发送自己隐私部位的照片或视频。

第二，诱骗未成年人裸聊或通过视频做出不雅动作。例如，根据媒体报道，一些犯罪分子以招募童星为由，诱骗未成年人在视频连线过程中脱衣服、做出不雅动作。

第三，将未成年人的私密照片或视频等信息发布至网络平台或与他人共享。例如，部分犯罪分子在取得涉及未成年人的私密照片或视频等信息后，将其发布至网络平台牟利，或转发其好友观看。

第四，向未成年人发送色情信息，或者诱骗、强迫未成年人观看色情信息。例如，犯罪分子为满足自身的变态欲望，将色情图片或音视频内容通过社交软件发送给未成年人观看。

第五，以胁迫、诱导等形式在线下对未成年人实施性侵害。实践中，部分犯罪分子在掌握未成年人的个人信息后，会通过胁迫、诱导等形式要求与未成年人在线下见面，进而实施强奸、猥亵等性侵害行为。这属于网络性侵害在线下的延伸，极易对未成年人造成严重的身心伤害。

3.

网络性侵害会给未成年人带来什么伤害？

　　贵州省某人民法院曾发布一起未成年人遭受网络性侵害案件。孙某通过某游戏平台认识了 14 周岁的小红，并以带小红打游戏升级为由，让小红与自己交往。在小红同意交往后，孙某多次要求小红拍摄自己隐私部位的照片和视频供自己观看，并要求小红与自己裸聊。后来，因小红不愿意继续向孙某发送私密视频，孙某便威胁小红要将她的裸照公开到网络上。小红不堪重负，心理状况急剧恶化，并产生了自杀的想法，好在被老师及时发现，才没有造成更为严重的后果。小红的父母在得知后报警，最终，人民法院以强制猥亵罪判处孙某有期徒刑 3 年。

　　针对未成年人的网络性侵害是严重的违法犯罪行为，具有极大的社会危害性。

　　第一，会给未成年人身心造成严重伤害。一方面，网络性侵害会给被害人造成严重的心理伤害。北京儿童医院精神科相关专家曾表示，性侵害对未成年人的心理会产生明显而持久的影响，甚至会影响终身。在遭受性侵害的初期，未成年被害人会出现恐惧、抑郁、日常生活退缩、自伤自残等现象，长期来看还可能出现人际关系障碍、抑郁症等各种慢性或更严重的心理问题或心理障碍。另一方面，网络性侵害也会给未成年人的身体带来伤害，例如，在一些案例中，不法分子可能会诱导被害人面对镜头，利用工具做出不雅动作和高危行为，或者诱导被害人与自己见面，进而实施线下性侵害行为。

第二，破坏家庭、社会对未成年人的安全保护秩序。联合国儿童基金会曾发出警告：对数字世界的访问既让儿童受益并拥抱机遇，也让他们置身于大量的风险与伤害之中。网络性侵害的频发严重破坏了原有的家庭、社会对未成年人的安全保护秩序，父母及社会也应当意识到，传统的管理、保护方式已经无法适应数字时代的需要，网络环境使违法犯罪不再一如既往地可视，未成年人可能时时处于危险之中。

第三，影响社会风气，不利于未成年人塑造正确的价值观。在一些网络性侵害案件中，不法分子常通过未成年人用户发布的不良短视频及相关内容筛选潜在受害者。例如，北京互联网法院曾发布一起短视频平台用户大量观看涉未成年人视频，并频繁发布色情评论后被平台封号的案例。网络参与者的素质参差不齐，在未成年人相关视频，尤其是动作、衣着较为"性感""暴露"的内容中，常有用户发布大量色情、低俗评论，而此类视频往往能获得较高的热度和流量。但此类视频和流量间的关联却在无形中宣扬着流量至上、畸形审美、拜金主义等不良风气，从而导致未成年人产生不良的价值追求。

正是因为网络性侵害的巨大危害，未成年人在上网过程中一定要树立个人信息保护意识和网络安全意识，父母、学校、网络平台等主体要尽到相应的教育和保护职责，共同为未成年人创造清朗、安全、友好的网络空间，抵御不法侵害。

4.

未成年人如何预防网络性侵害?

　　针对未成年人实施的网络性侵害, 如果发现不及时, 还容易演化为更加严重的线下性侵害。此外, 利用互联网实施性侵害还具有手段隐蔽、方式多样、遭受侵害信息传播迅速等特点, 也进一步增大了防范工作的难度。那么, 未成年人应该如何预防潜在的网络性侵害风险呢?

　　第一, 抵制色情等有害信息的侵蚀, 树立正确的价值观。数字时代, 人人都可以参与信息内容的制作, 在使网络信息不断丰富的同时, 也使网络空间充斥了各种不良信息。长期浏览色情、软色情等信息会潜移默化地对未成年人的性意识、法治观念等形成不良影响, 从而使其更容易卷入网络性侵害。因此, 未成年人一定要学会识别、抵制不良和违法信息, 树立正确的价值观。

　　第二, 了解基本生理知识。未成年人要了解, 男生内裤覆盖的区域和女生内裤、背心覆盖的区域属于私密部位, 不可以给他人看, 更不能让他人触摸。任何人在网络上要求未成年人提供隐私部位的照片或视频都是有违常理的，甚至是违法行为。

第三，增强自我保护意识。未成年人在使用网络社交工具时要将自己的个人资料如性别、年龄、地区、爱好等设置为"私密"状态；只添加现实中认识的人为好友，不使用社交平台提供的如"摇一摇""抖一抖"等陌生交友功能，不接受陌生人添加好友的申请；将 QQ 空间、朋友圈等日常使用频率较高的社交平台的发帖设置为陌生人不可见的模式；不向任何人发送自己不穿衣服的照片；主动开启社交软件的"未成年人模式"。

第四，出现异常情况及时和父母沟通，寻求帮助。如果被网友索要了私密部位的照片、视频，或者邀请线下见面，应当立即告诉父母，不要因为羞于启齿等原因而隐瞒。要明白，在任何时候，父母都是可以倾诉的对象，都会为我们提供帮助和保护。

5.

父母如何帮助孩子免遭网络性侵害？

在预防未成年人遭受网络性侵害方面，父母的教育和引导至关重要。具体来说，父母可以注意如下几个方面。

第一，给孩子相应的教育引导。一方面，父母要根据孩子的年龄段给予其适当的性教育和网络安全教育，告诉孩子不可以向任何人发送自己私密部位的照片或视频，任何人向自己发送色情信息的行为都属于违法行为。另一方面，父母也要给予孩子正确的价值观引导。实践中，一些未成年人在了解法律法规对未成年人的特殊保护后，可能出现在网络上故意引诱他人尝试发生性关系等情形。对此，父母应当教育孩子明辨是非，树立正确的价值观和法治意识。

第二，帮助孩子进行实名认证，使用未成年人网络保护软件和"未成年人模式"。对于有使用手机和社交 App 需求的孩子，父母可以帮助他们在 App 中进行实名认证，使用 App 提供的"未成年人模式"，如果孩子有自己的手机，则应当使用相应的未成年人网络保护软件。这是落实《未成年人保护法》《未成年人网络保护条例》的相关要求，在实名认证之后，网络服务提供者对未成年人账户给予的更多的保护措施，它能减少未成年人遭受网络性侵害的风险。

第三，积极和孩子建立信任关系。在一些涉未成年人的网络性侵害案件中，孩子会因羞于启齿或本身无法理解此事的性质等原因，没有及时向父母告知自己可能或正在遭受性侵害，导致性侵害未能被及时发现或持续存在。为此，父母要积极和孩子建立信任关系，给予孩子足够的安全感。父母可以告诉孩子，任何时候，父母都是可以倾诉的对象，都会为其提供帮助和保护。这样，当孩子在网络社交中出现异常情况时，才会主动向父母寻求帮助。

6.

遭遇网络性侵害应该如何处理?

如果未成年人不幸遭遇网络性侵害,或者存在遭受侵害的风险,如何处理才能最大限度地保护自己,帮助公安机关侦破案件,使犯罪分子得到应有的惩罚呢?

第一,及时保存证据。当我们收到他人诱导或要求发送私密照片视频、线下见面、发生性关系等的信息时,千万不要因为害怕、羞耻等原因删除这些信息。我们应当将聊天记录保留在社交软件中,并通过截图、录屏等方式在手机中另外储存一份,这些信息将来会成为惩罚犯罪分子的重要证据。

第二,立即告诉父母或其他信任的成年人。我们要将事情的来龙去脉告知父母,包括是如何与对方联系的、对方是如何对我们实施侵害行为的、是否有和对方见面等,一定不能因为害怕或担心被责怪就隐瞒重要的事实。此外,我们要让父母浏览保存的聊天记录,便于他们作出判断。我们要坚信这不是自己的错,相信父母和司法机关会给予我们帮助。

　　第三，尽快报警，并向平台举报。我们要及时在父母的陪同下向公安机关报案，主动提供相关证据线索。公安机关将依法侦查对方的违法犯罪事实，维护我们的合法权益。此外，我们也要及时和社交 App 运营平台沟通，告知有网络性侵害案件发生的事实。这一方面可以避免与我们遭受侵害相关的信息进一步传播，另一方面也可提醒平台及时保存相关证据，依法处理对方账号，避免他人遭受侵害，推动案件的侦破。

在网络上发现他人遭受性侵害应该如何处理？

预防和抵制对未成年人实施网络性侵害是每个人的责任。如果我们在社交 App、网站等处发现他人持有、传播或售卖有关未成年人的淫秽色情网络信息，应该怎么做呢？

第一，及时保存相关证据材料。我们可以通过手机、电脑的截图或录屏功能保存这些网络信息。如果对方是通过社交 App 传播的，则要注意保存对方的昵称、头像、ID 等身份信息；如果对方是通过网站传播的，则要注意保存网站及对应网页的链接。

第二，及时进行投诉举报。如果涉案社交 App、网站有投诉举报功能，我们可以直接向网络服务提供者进行举报；另外，我们也可以将保存的证据材料提交给"12377.cn"网站，或者拨打"12377"电话进行举报。

第三，及时向公安机关报案。根据《未成年人保护法》《未成年人网络保护条例》的相关规定，保护未成年人是所有社会成员的共同责任，任何组织或者个人发现侵犯未成年人合法权益的情形，都有权向公安机关报案。因此，当我们发现未成年人遭受或疑似遭受网络性侵害时，还应当及时向公安机关报案，帮助公安机关侦破案件，维护未成年人的合法权益。

8.

实施网络性侵害要承担什么法律责任?

2023 年 5 月 25 日,最高人民法院召开新闻发布会,发布《最高人民法院、最高人民检察院关于办理强奸、猥亵未成年人刑事案件适用法律若干问题的解释》(以下简称《解释》)和《最高人民法院、最高人民检察院、公安部、司法部关于办理性侵害未成年人刑事案件的意见》(以下简称《意见》)。《解释》和《意见》的发布,既彰显了司法机关预防和惩治性侵害未成年人犯罪的决心,也为打击包括对未成年人实施网络性侵害在内的犯罪活动提供了明确、具体的法律依据。

参与实施网络性侵害是严重的违法犯罪行为,如果侵害对象是未成年人,更应当从严惩处。根据《治安管理处罚法》《刑法》《解释》《意见》等相关规定,参与实施网络性侵害可能承担以下法律责任。

第一,行政责任。《治安管理处罚法》第四十二条规定,偷窥、偷拍、窃听、散布他人隐私的,处 5 日以下拘留或者 500 元以下罚款；情节较重的，处 5 日以上 10 日以下拘留，可以并处 500 元以下罚款。第四十四条规定，猥亵他人的，或者在公共场所故意裸露身体，情节恶劣的，处 5 日以上 10 日以下拘留；猥亵智力残疾人、精神病人、不满 14 周岁的人或者有其他严重情节的，处 10 日以上 15 日以下拘留。通过网络胁迫、诱骗未成年人发送私密照片、视频，或者将取得的私密照片、视频在互联网上传播的行为，涉嫌违反上述规定，依法应处行政拘留、罚款。

　　第二，刑事责任。《解释》明确规定，胁迫、诱骗未成年人通过网络视频聊天或者发送视频、照片等方式，暴露身体隐私部位或者实施淫秽行为，符合刑法相关规定的，以强制猥亵罪或者猥亵儿童罪定罪处罚。对强奸、奸淫过程或者被害人身体隐私部位制作视频、照片等影像资料，以此胁迫对被害人实施强奸、奸淫，或者致使影像资料向多人传播，暴露被害人身份的，应当认定为"强奸妇女、奸淫幼女情节恶劣"。据此，性侵害未成年人构成犯罪的，将会受到严厉的刑事处罚。具体来说，构成强制猥亵罪的，处 5 年以下有期徒刑或者拘役；构成猥亵儿童罪的，还可处 5 年以上有期徒刑。如果通过线下形式对未成年人实施了强奸行为，则可能构成强奸罪，最高可判处死刑。

第三，民事责任。根据《解释》第十四条的规定，对未成年人实施强奸、猥亵等犯罪造成人身损害的，应当赔偿医疗费、护理费、交通费、营养费、住院伙食补助费等为治疗和康复支付的合理费用，以及因误工减少的收入。如果根据鉴定意见、医疗诊断书等证明需要对未成年人进行精神心理治疗和康复，所需的相关费用也应当予以赔偿。

9.

持有或传播未成年人遭受性侵害信息要承担什么法律责任？

在我国，持有、传播未成年人遭受性侵害的信息是否构成违法犯罪，要承担什么法律责任呢？

第一，持有涉未成年人性侵害信息也属于违法行为。我国《未成年人保护法》第五十二条、《未成年人网络保护条例》第二十二条均明确规定，禁止任何组织和个人制作、复制、发布、传播或者持有有关未成年人的淫秽色情物品和网络信息。也就是说，即便只是在自己的手机、电脑等设备中储存、持有有关性侵害未成年人的图片、音频、视频等信息，也属于违法行为。

第二，制作、传播涉未成年人性侵害信息情节严重的可能构成犯罪。根据我国《刑法》第三百六十三条、三百六十四条规定及相关司法解释，传播淫秽的书刊、影片、音像、图片或者其他淫秽物品，情节严重的，构成传播淫秽物品罪；

如果以牟利为目的进行制作、传播，则构成制作淫秽物品牟利罪或传播淫秽物品牟利罪等犯罪。如果制作、传播的内容属于具体描绘未成年人性行为的淫秽电子信息，应当从重处罚。因此，不论是否牟利，只要传播未成年人遭受性侵害信息数量达到法定标准，都可能构成犯罪，要承担刑事责任。

第三，教职工实施相关行为还可能面临从业禁止处罚。《未成年人学校保护规定》第二十四条第二款规定，学校应当采取必要措施预防并制止教职工以及其他进入校园的人员实施以下行为：向学生展示传播包含色情、淫秽内容的信息、书刊、影片、音像、图片或者其他淫秽物品；持有包含淫秽、色情内容的视听、图文资料。第六十条第二款规定，教职工实施前述禁止行为的，应当依法予以开除或者解聘；有教师资格的，由主管教育行政部门撤销教师资格，纳入从业禁止人员名单；涉嫌犯罪的，移送有关部门依法追究责任。综上，如果教职工持有涉未成年人性侵害信息，并向学生传播相关信息，还将面临从业禁止的处罚。

10.

网络平台对于预防未成年人遭受网络性侵害有什么责任？

男子张某在某短视频平台上大量观看了涉未成年人视频并频繁发布了含有言语挑逗、低级趣味等内容的评论以及含有色情意味的表情包，被平台以"涉嫌违反社区公约，涉及过度关注或浏览未成年人相关内容的行为"为由永久封禁。张某不服，诉至人民法院。人民法院经审理认为，张某三次因违反社区公约被平台处罚，但是解封后仍继续在涉未成年人视频下方发布含有低级趣味、粗俗文化的评论，违约情形较为严重，平台对涉案账号采取终止提供服务、永久关闭账号的封禁措施未超出必要限度；另外，平台封号的目的是更好地保护未成年人的合法权益和身心健康。因此，驳回了张某的诉讼请求。

这是北京互联网法院发布的一起典型案例，该案例的判决结果明确，平台有权对侵害未成年人权益的行为采取账号封禁、终止服务等管理措施。相对于成年用户，平台需要给予未成年人用户更多的保障，对于不当评论涉未成年人视频、私下联系未成年人用户等骚扰行为，平台应当积极采取措施。

前文曾提到，对未成年人实施网络性侵害具有手段隐蔽、犯罪持续时间长等特点，这便使得家长、司法机关难以在第一时间发现和处置此类案件。作为犯罪分子直接实施犯罪活动的媒介和载体，网络平台对于预防和打击针对未成年人的网络性侵害负有不可推卸的责任。那么，总的来说，网络平台应当承担哪几方面的责任呢？

第一，增强用户的未成年人保护意识。一方面，网络平台应当丰富涉未成年人保护相关内容，加大对未成年人保护的宣传力度，增强用户的未成年人保护意识。另一方面，网络平台应当为未成年人用户提供有助于增强、提升其安全意识与能力的专业化内容，有效发挥平台的教育、引导作用，充分履行平台的社会责任。

第二，严格落实内容筛查责任。根据《网络信息内容生态治理规定》第六条、《未成年人网络保护条例》第二十二条，有关未成年人的淫秽色情网络信息属于不得制作、复制、发布的违法信息范畴。网络平台应当严格履行内容审查责任，通过技术手段和人工审核相结合等形式，确保违法信息得到有效筛查。

第三，积极阻断并及时报告。《未成年人保护法》第八十条第二款规定，网络服务提供者发现用户发布、传播含有危害未成年人身心健康内容的信息的，应当立即停止传输相关信息，采取删除、屏蔽、断开链接等处置措施，保存有关记录，并向网信、公安等部门报告。《未成年人网络保护条例》第二十九条第一款也规定，网络产品和服务提供者发现有关未成年人的淫秽色情网络信息等不良和违法信息的，应当立即停止传输相关信息，采取删除、屏蔽、断开链接等处置措施，防止信息扩散，保存有关记录，向网信、公安等部门报告，并对制作、复制、发布、传播上述信息的用户采取警示、限制功能、暂停服务、关闭账号等处置措施。为此，网络平台在发现相关信息时，应当积极行使阻断和报告义务。

第四，建立便捷的投诉举报通道。《未成年人保护法》第七十八条、《未成年人网络保护条例》第七条规定，网络产品和服务提供者应当建立便捷、合理、有效的投诉和举报渠道，公开投诉、举报方式等信息，及时受理并处理涉及未成年人的投诉、举报。为此，对于涉未成年人网络性侵害等问题，网络平台应当向公众提供便捷有效的投诉举报通道，并妥善处理相关投诉。

第五，妥善处理私密信息。根据《未成年人网络保护条例》第三十八条的规定，网络服务提供者发现未成年人私密信息或者未成年人通过网络发布的个人信息中涉及私密信息的，应当及时提示，并采取停止传输等必要保护措施，防止信息扩散。网络服务提供者通过未成年人私密信息发现未成年人可能遭受侵害的，应当立即采取必要措施保存有关记录，并向公安机关报告。

第六章

防治网络暴力

1.

什么是网络暴力？

　　网络暴力是指在信息网络上针对个人发布谩骂侮辱、造谣诽谤、侵犯隐私等信息的行为。网络暴力是一个相对宽泛的概念，除了前述情形外，在未成年人群体中高发的网络欺凌也是网络暴力的一种形式。由于网络平台的信息传播速度快、传播范围广，一旦实施网络暴力行为，非常容易对当事人的名誉、精神造成严重伤害，还会危害网络环境、扰乱网络秩序。

　　网络暴力并不是偶发现象，共青团中央维护青少年权益部、中国互联网络信息中心发布的《2021年全国未成年人互联网使用情况研究报告》显示，未成年网民在网上遭到讽刺或谩骂等形式的网络暴力的比例高达16.6%，个人信息未经允许在网上被公开的比例为6.1%。但遗憾的是，对于网络暴力的受害者而言，要通过法律途径维护自身合法权益，涉及确认网暴者真实身份、取证、管辖等诸多法律问题，需要耗费大量的时间、精力和经济成本，困难重重。

　　令人感到欣慰的是，为了进一步打击和遏制网络暴力，2023 年 9 月 20 日，最高人民法院、最高人民检察院、公安部联合印发了《关于依法惩治网络暴力违法犯罪的指导意见》，对于严重网络暴力行为涉及违法犯罪的界定、受害者权利保障等问题进行了细致的规定。《未成年人网络保护条例》第二十六条也对网络欺凌问题进行了专门规定。上述法律法规彰显了司法机关打击网络暴力的决心和态度。作为公民，我们更要对网络暴力坚决说"不"，这不仅是为了捍卫自身的权益，更是为了净化我们共同的网络空间。

2.

常见的网络暴力形式有哪些？

湖北省某人民检察院曾发布一起未成年人遭受网络暴力的案例。13 周岁的小琪在学校因琐事纠纷，被多名同学殴打，对方还将殴打过程拍成视频发布到网络上，并创建了多个群聊，邀请多名成员在群聊中对小琪进行辱骂，并公开了小琪的身份证号码、家庭住址、电话号码等信息。后来，小琪的父母代其向人民法院提起了人格权纠纷民事诉讼，要求对方赔礼道歉并进行精神损害赔偿，当地人民检察院也针对本案支持起诉。经过人民法院调解，对方及其监护人当庭向小琪赔礼道歉，并赔偿了精神损害抚慰金 2 万元。

小琪的遭遇属于典型的网络暴力，结合司法机关发布的典型案例及媒体报道，我们梳理出以下几种常见的网络暴力形式。

第一，在网络上侮辱和攻击他人。例如，一些未成年人因与同学产生矛盾，便在 QQ 空间、微博、贴吧、朋友圈等网络平台发表侮辱他人的言论。又如，一些未成年人在看到他人发布的网络暴力信息后，在未了解事件全貌、辨别信息真实性的情况下，便跟风辱骂、攻击当事人。

第二，在网络上编造、散播有关他人的谣言。例如，因与同学存在矛盾，便捏造对方存在道德问题等谣言，并在网络平台上发布相关信息。

第三，在网络上恶意曝光他人的个人信息。例如，因对他人的言行不满或与他人发生矛盾，便在网络平台曝光对方的手机号码、QQ 账号、微信账号、家庭住址等个人信息。

第四，将当事人遭受侵害的照片、音视频发布到网络平台上进行传播。例如，在上文案例中，欺凌者将小琪遭受欺凌的视频发布到网络上，并鼓动他人观看和传播，就属于此类行为。

3.

网络暴力有什么危害？

实践中，一些未成年人常因和同学、朋友存在误会，或者因轻微矛盾、观念不合，便将双方的部分聊天记录、对方的用户名、社交平台账号、手机号码等公布到网络上，对事发经过断章取义，只陈述对自己有利的部分，引发网友对对方一边倒的网暴。这种处理方式不仅对解决问题没有丝毫帮助，还会给对方造成严重的心理伤害，也会对自己的价值观产生不良影响，甚至冲击网络空间的正常秩序。那么，网络暴力具体有哪些危害呢？

第一，网络暴力会对未成年人造成严重的身心伤害。未成年人在遭受网络暴力时，会陷入深深的无助和绝望，正常的学习和生活会被扰乱。被网暴者精神压力过大时，如果缺乏及时的疏导和干预，还可能引发更为严重的悲剧，甚至出现自残、自杀等严重后果。

第二，网络暴力会助长不良的社会风气。一方面，在网络用户素质参差不齐的情况下，施暴者可能无法获得外界对自己行为的客观评价，从而缺乏对自己行为的正确认识。另一方面，施暴者还可能将被网暴者退网、沉默等行为视为服输、退缩，给自己带来错误的价值观反馈。长此以往，网络暴力会成为这些施暴者的惯用手段，对社会风气产生严重不良影响，对网络空间的秩序造成严重冲击。

第三，网络暴力可能引发恶性事件。网络暴力会严重侵害被害人的人格尊严和名誉，有的甚至会造成被害人"社会性死亡"，产生精神失常、自杀等严重后果，引发恶性事件。例如，2022 年 7 月，杭州女孩郑某在某社交平台发布了一张与爷爷分享收到研究生录取通知书的照片。然而，仅仅因为照片中的郑某染了粉色头发，大量网友就对其进行谩骂和攻击，称其是"陪酒女""发廊妹""老少恋"。事发之后，郑某不仅陷入了维权困境，还被诊断为严重抑郁症。2023 年 1 月 23 日，郑某自杀去世。

4.

未成年人如何预防网络暴力？

　　未成年人预防网络暴力不仅是指避免成为网络暴力的受害者，还包括避免成为网络暴力的实施者或参与者。我们在现实生活和网络生活中偶尔也会与朋友、同学、网友发生一些不愉快，但应如何克制住自己的情绪，不将矛盾升级为网络暴力呢？在使用网络的过程中，应该如何预防网络暴力呢？我们给出以下建议。

　　第一，与人为善，尊重互联网上的陌生人。互联网是现实生活的延伸，每个互联网用户都对应着一个现实生活中的个体。因此，我们要像在现实生活中遵守社会规则，尊重亲友、老师、同学和陌生人一样，遵守互联网规则，并尊重每一位互联网用户。

　　第二，不将攻击他人作为情绪的出口。一些人可能会将在互联网上辱骂、攻击他人作为发泄负面情绪的方法，这不仅会给对方造成严重伤害，还可能将矛盾升级。应当明白，有负面情绪是非常正常的，我们可以和父母、老师或者其他信任的人沟通，共同寻找解决问题的方法，而不能通过在网络上攻击他人来宣泄情绪。

第三，学会明辨是非，判断对错。未成年人还处于个性和价值观塑造的阶段，价值观尚未完全形成。在使用互联网的过程中，我们要培养自己明辨是非的能力。遇到自己无法判断的网络信息时，不要盲目地转载或评论，不随意发表情绪化的评论，不跟风攻击他人。

第四，善于使用 App 提供的相关保护功能。《未成年人网络保护条例》第二十六条第二款规定，网络产品和服务提供者应当提供便利未成年人设置屏蔽陌生用户、本人发布信息可见范围、禁止转载或者评论本人发布信息、禁止向本人发送信息等网络欺凌信息防护选项。目前，大部分社交 App已具备前述功能。当他人通过私信、评论、添加好友等方式对我们进行骚扰时，我们可以主动使用这些功能，屏蔽不良信息，避免他人的侵扰。

第五，了解常用的投诉举报渠道。当发现他人发布网络暴力信息时，我们既可以主动向传播这些信息的平台或 App举报，也可以向"12377.cn"网站、"12321.cn"网站，以及各省市的互联网违法和不良信息举报中心举报。

遭受网络暴力应该如何处理？

未成年人不幸遭遇网络暴力，或者面临遭遇网络暴力的现实危险时，应该如何维护自身的合法权益呢？

第一，及时保存证据。《未成年人网络保护条例》第二十六条第二款规定，网络产品和服务提供者应当设置便利未成年人及其监护人保存遭受网络欺凌记录、行使通知权利的功能、渠道。因此，当我们遭遇网络暴力时，既可以联系网络平台保存相关记录，也可以自行通过手机、电脑等设备的截图、屏幕录制、拍照录像等功能保存证据。在固定证据的过程中，我们要注意保存发布这些信息的账号、昵称、头像等信息，以及网络暴力信息的点击量、阅读量、评论数量等数据。这些证据会在后续的维权过程中发挥至关重要的作用。此外，我们还可以使用如"权利卫士"等取证App进行截图、录屏、录像取证，这类App可以将电子证据的内容、地理位置信息、手机型号信息等生成电子证书，进一步增强证据的证明力。

第二，及时向相关平台举报，避免网络暴力信息进一步传播。《未成年人保护法》第七十七条第二款规定，遭受网络欺凌的未成年人及其父母或者其他监护人有权通知网络服务提供者采取删除、屏蔽、断开链接等措施。网络服务提供者接到通知后，应当及时采取必要的措施制止网络欺凌行为，防止信息扩散。因此，当发现他人在App、网站上传播网络暴力信息时，我们可以及时通过App内置的举报功能，或者拨打客服热线等渠道进行投诉，要求删除、屏蔽相关信息，避免信息的进一步传播。

第三，视情况进行调解。如果对方实施网络暴力行为的性质尚未达到严重程度，或者双方可以调解解决，我们可以尝试自己或通过父母与对方取得联系，要求对方主动删除这些信息，并进行赔礼道歉。

第四，情节严重的，可通过报案或诉讼解决。如果对方实施网络暴力的行为性质恶劣，给我们造成了严重的身心伤害；或者对方未意识到错误，拒不接受调解，且不进行赔礼道歉，我们则可以在保存证据后及时向公安机关报案，也可以由父母代为提起民事诉讼，要求对方赔礼道歉、赔偿合理损失。如果对方在诉讼过程中仍未及时停止网暴行为，我们可以申请人民法院作出停止人格权侵害禁令，避免网络暴力信息进一步传播。此外，如果对方的网暴行为性质恶劣、后果严重，还可能构成侮辱罪、诽谤罪等刑事犯罪。在这种情况下，还可由父母向人民法院代为提起刑事自诉，追究对方的刑事责任。

6.

实施网络暴力要承担哪些法律责任？

网络暴力是严重侵害被害人权益，危害社会公共管理秩序的违法行为。为打击网络暴力行为，《民法典》《治安管理处罚法》《刑法》《未成年人网络保护条例》等法律法规对实施网络暴力的行为界定及法律后果进行了细致的规定。施暴者根据行为的严重程度，应承担相应的法律责任，具体来说包括：

第一，民事责任。根据《民法典》第一百一十条、第一千零二十四条第一款等规定，民事主体享有名誉权。任何组织或者个人不得以侮辱、诽谤等方式侵害他人的名誉权。对于侵权行为，被害人可以提起民事诉讼，要求对方承担停止侵害、赔偿损失、消除影响、恢复名誉、赔礼道歉等法律责任。对方持续实施网络暴力行为的，被害人还可以根据《民法典》第九百九十七条的规定，向人民法院申请停止人格权侵害禁令。

第二，行政责任。如果网络暴力情节较为严重，还可能承担行政责任。根据《治安管理处罚法》第四十二条的规定，对于公然侮辱他人或者捏造事实诽谤他人，散布他人隐私等行为，公安机关处 5 日以下拘留或者 500 元以下罚款，情节较重的，处 5 日以上 10 日以下拘留，可以并处 500 元以下罚款。

第三，刑事责任。情节恶劣的网络暴力行为还可能构成侮辱罪、诽谤罪。根据《刑法》第二百四十六条的规定，以暴力或者其他方法公然侮辱他人或者捏造事实诽谤他人，情节严重的，处 3 年以下有期徒刑、拘役、管制或者剥夺政治权利。

7.

对网暴者提起民事诉讼要注意哪些问题?

　　如果网暴者的行为侵害了未成年人的名誉权、隐私权等权利，除了可以向公安机关报案，未成年人及其监护人还可以通过向人民法院提起民事诉讼，要求网暴者赔偿经济损失、责令停止侵权行为、公开赔礼道歉等，维护自身权益。在提起民事诉讼时，未成年人及其监护人要注意哪些问

题呢？

第一，确定管辖法院。根据《民事诉讼法》第二十九条、《最高人民法院关于适用〈中华人民共和国民事诉讼法〉的解释》第二十四条和第二十五条之规定，网暴者住所地和受害者住所地的人民法院均有管辖权。因此，未成年人及其监护人可根据自己的实际情况选择适合的人民法院管辖案件。此外，目前，部分地区如北京市还专门设有互联网法院，可管辖"在互联网上侵害他人人身权、财产权等民事权益而产生的纠纷"。相较于普通人民法院，互联网法院在立案、开庭等程序方面更为便捷，未成年人及其监护人可查询所在地区是否设有互联网法院及其对应的案件管辖范围。

第二，查询网暴者的身份信息。在向人民法院立案时，原告需要提供网暴者的真实身份信息如姓名、联系电话、地址等。那么，这些个人信息应当去哪里查询呢？一方面，一些地区的人民法院允许原告在起诉前申请向网络服务提供者调取网暴者的身份信息用于起诉，未成年人和监护人可以提前向人民法院的立案庭咨询是否有该项政策。另一方面，根据《最高人民法院关于审理利用信息网络侵害人身权益民事纠纷案件适用法律若干问题的规定》第三条之规定，如果遭遇网络暴力，但却不知道被告的身份信息，原告可直接起诉网络服务提供者。在人民法院受理后，可向人民法院提出申请，要求网络服务提供者提供网暴者的姓名、联系方式等信息，然后将其追加为被告。

第三，确定网络平台在什么情况下应当承担责任。《民法典》第一千一百九十五条规定，网络用户利用网络服务实施侵权行为的，权利人有权通知网络服务提供者采取删除、屏蔽、断开链接等必要措施。网络服务提供者接到通知后，应当根据构成侵权的初步证据和服务类型采取必要措施；未及时采取必要措施的，对损害的扩大部分与该网络用户承担连带责任。也就是说，网络平台在收到被网暴者的通知信息后，有责任对网暴者及相关信息进行处理。若网络平台未及时采取有效措施，如未及时删除、屏蔽相关网暴信息，未对网暴者账户进行封禁、限制处理，导致网络暴力行为损害扩大，将承担相应的连带责任。

8.

通过网络侮辱他人，在什么情况下构成犯罪？

最高人民法院于 2023 年 9 月 25 日发布了依法惩治网络暴力违法犯罪典型案例，其中有一起数人网络暴力致被害人自杀，构成侮辱罪的案例。常某因其儿子在游泳馆游泳时与安某发生碰撞，引发争执。常某及其表妹等人遂在微信群、微博等社交平台多次发布了对安某具有侮辱性的帖子和评论，并推送给多家网络媒体。该事件被多家媒体转载、报道，网络上产生了大量针对安某诋毁、谩骂的信息。安某不堪精神压力和负面舆论服药自杀。后当地人民检察院提起公诉。人民法院经审理认为，常某等人利用该事件煽动网络暴力，公然贬损被害人人格、损坏被害人名誉，造成被害人安某不堪负面舆论的精神压力而自杀身亡，其行为构成侮辱罪，判处常某有期徒刑 1 年 6 个月，其表妹等人有期徒刑 1 年，缓刑 2 年和有期徒刑 6 个月，缓刑 1 年。

侮辱罪是指使用暴力或者其他方法，公然败坏他人名誉，情节严重的行为。构成侮辱罪的，处 3 年以下有期徒刑、拘役、管制或者剥夺政治权利。通过网络暴力行为侮辱他人，同时符合下列条件，构成侮辱罪。

第一，网暴者达到相应的刑事责任年龄。根据《刑法》第十七条的规定，已满 16 周岁的人犯罪，应当负刑事责任。因此，如果网暴者在实施网络侮辱行为时已经年满 16 周岁，就应当对其行为承担刑事责任。

第二，网暴者实施了具体的网络侮辱行为。根据《最高人民法院、最高人民检察院、公安部关于依法惩治网络暴力违法犯罪的指导意见》，在信息网络上肆意谩骂、恶意诋毁、披露隐私等都属于网络侮辱行为。

第三，网暴者的行为达到了情节严重的程度。此处的情节严重既包括手段恶劣，如多次侮辱；也包括侮辱行为造成了严重后果，如导致被害人精神失常、自杀自残等。例如，上文中，常某及其亲属多次对安某进行诋毁、谩骂，导致安某不堪精神压力和负面舆论自杀，最终，常某等人被人民法院认定构成侮辱罪。

侮辱罪一般属于自诉案件，也就是说，被害人需要自行向人民法院提起诉讼。但根据《刑法》和《最高人民法院、最高人民检察院、公安部关于依法惩治网络暴力违法犯罪的指导意见》等相关规定，如果网暴者的行为严重危害社会秩序和国家利益，则属于公诉案件，由人民检察院依法提起公诉。主要包括以下情形。

一是造成被害人或者其近亲属精神失常、自杀等严重后果，社会影响恶劣的。例如，上文中，常某等人网暴安某致其自杀，后果严重，社会影响恶劣，因此，本案由人民检察院依法提起公诉。

二是随意以普通公众为侵害对象，相关信息在网络上大范围传播，引发大量低俗、恶意评论，严重破坏网络秩序，社会影响恶劣的。

三是侮辱、诽谤多人或者多次散布侮辱、诽谤信息，社会影响恶劣的。

四是组织、指使人员在多个网络平台大量散布侮辱、诽谤信息，社会影响恶劣的。

9.

通过网络诽谤他人，在什么情况下构成犯罪？

　　最高人民法院发布的依法惩治网络暴力违法犯罪典型案例中还有一起诽谤罪典型案例。被告人吴某为吸引流量、博取关注，长期在网络平台上以个人账号"飞哥在东莞"编发故事。2021年11月19日，吴某在网络上浏览到被害人沈某发布的《与外公的日常》帖子，遂捏造并发布了《73岁东莞清溪企业家豪娶29岁广西大美女，赠送礼金、公寓、豪车》一文。上述帖子信息在网络上被大量转载、讨论，引起了网友对沈某的肆意谩骂、诋毁，造成了极为恶劣的社会影响，后当地人民检察院以诽谤罪对吴某提起公诉。人民法院经审理认为，被告人吴某在信息网络上捏造事实诽谤他人，情节严重，且严重危害社会秩序。最终以诽谤罪判处吴某有期徒刑1年。

　　诽谤罪是指故意捏造并散布虚构的事实，贬损他人人格，破坏他人名誉，情节严重的行为。构成诽谤罪的，处3年以下有期徒刑、拘役、管制或者剥夺政治权利。通过网络暴力行为诽谤他人，同时符合下列条件，构成诽谤罪。

第一，网暴者达到相应的刑事责任年龄。根据《刑法》第十七条的规定，已满 16 周岁的人犯罪，应当负刑事责任。因此，如果网暴者在实施网络诽谤行为时已经年满 16 周岁，就应当对其行为承担刑事责任。

第二，网暴者实施了具体的网络诽谤行为。根据《最高人民法院、最高人民检察院、公安部关于依法惩治网络暴力违法犯罪的指导意见》，在信息网络上制造、散布谣言，贬损他人人格、损害他人名誉都属于网络诽谤的方式。

第三，网暴者的行为达到了情节严重的程度。根据《最高人民法院、最高人民检察院关于办理利用信息网络实施诽谤等刑事案件适用法律若干问题的解释》第二条的规定，具有下列情形之一的，应当认定为情节严重：（1）同一诽谤信息实际被点击、浏览次数达到 5000 次以上，或者被转发次数达到 500 次以上的；（2）造成被害人或者其近亲属精神失常、自残、自杀等严重后果的；（3）2 年内曾因诽谤受过行政处罚，又诽谤他人的。

同侮辱罪一样，诽谤罪一般属于自诉案件，但如果网暴者的行为严重危害了社会秩序和国家利益，则依法应由人民检察院提起公诉。诽谤罪达到严重危害社会秩序的情形与侮辱罪一致，此处不再赘述。

10.

网络平台对于防治网络暴力有什么责任？

网络平台作为网络暴力行为的载体和工具，在信息发布审核、风险预警及受害者保护等方面均负有重要责任。

第一，信息安全管理。《网络信息内容生态治理规定》第六条规定，网络信息内容生产者不得制作、复制、发布含有侮辱或者诽谤他人，侵害他人名誉、隐私和其他合法权益的违法信息。可见，网络平台对于涉网络暴力信息在内容审核及安全管理方面负有至关重要的责任。根据《最高人民法院、最高人民检察院、公安部关于依法惩治网络暴力违法犯罪的指导意见》，网络服务提供者对于所发现的网络暴力信息不依法履行信息网络安全管理义务，经监管部门责令采取改正措施而拒不改正，致使违法信息大量传播或者有其他严重情节，符合刑法相关规定的，以拒不履行信息网络安全管理义务罪定罪处罚。

第二，风险预警及受害者保护。《未成年人网络保护条例》第二十六条第二款规定，网络产品和服务提供者应当建立健全网络欺凌行为的预警预防、识别监测和处置机制，设置便利未成年人及其监护人保存遭受网络欺凌记录、行使通知权利的功能、渠道，提供便利未成年人设置屏蔽陌生用户、本人发布信息可见范围、禁止转载或者评论本人发布信息、禁止向本人发送信息等网络欺凌信息防护选项。该规定从风险的识别预防、证据保存、侵权行为通知、网暴防护等方面对网络平台提出了非常具体的要求。

第三，网暴者信息披露及提供协助。根据《最高人民法院关于审理利用信息网络侵害人身权益民事纠纷案件适用法律若干问题的规定》第三条，受害人因遭受网络暴力通过诉讼维权的，可以以网络平台为被告，要求其提供能够确定网暴者的姓名（名称）、联系方式、网络地址等信息。在无正当理由的情况下，网络平台应当提供相关信息以便受害人维权。如果受害人因遭受严重网络暴力提起侮辱罪、诽谤罪刑事自诉，但提供证据确有困难的，人民法院可以要求公安机关提供协助，网络平台应当依法为公安机关取证提供必要的技术支持和协助。

第七章

拒绝过度网络消费

1.

什么是过度网络消费？

　　最高人民法院曾发布一起未成年人高额网络消费的典型案例。14 周岁的李某在父母不知情的情况下，在某网店购买了 374 个游戏账号，共计支付 36652 元，李某的父母发现后，及时与该网店客服人员进行了联系，表示对李某购买游戏账号及付款的行为不予追认并要求退款，但被该网店拒绝。后来，李某的父母起诉到人民法院。人民法院经审理认为，案发时李某属于限制民事行为能力人，其在网络上购买游戏账号，并消费高达 36652 元的行为，显然与其年龄、智力不相适应，李某的父母作为其法定代理人亦明确表示对该行为不予追认，故李某实施的购买行为无效，最终判决该网店全额返还李某购买游戏账号的款项。

　　我国《民法典》第二十条、第十九条规定，不满 8 周岁的未成年人为无民事行为能力人，由其法定代理人，一般是父母代理实施民事法律行为；8 周岁以上的未成年人为限制民事行为能力人，可以独立实施纯获利益或者与其年龄、智力相适应的民事法律行为。例如，一般而言，一名中学生自行花费 100 元购买文具的行为是符合其年龄和智力认知的。但上文案例中 14 周岁的李某消费 3 万余元用于购买游戏账号的行为则显然已经超出其年龄和智力认知。在这种情况下，李某的行为就属于过度网络消费。具体来说，未成年人过度网络消费是指未成年人在网络平台上做出的与自己的认知能力、家庭经济状况等不相符合的高额消费行为，如高额的游戏充值、高额的网络直播打赏等行为。

过度网络消费不仅会给家庭带来重大的经济损失，还容易让未成年人形成错误的价值观。虽然根据《民法典》及相关司法解释规定，未成年人未经父母等监护人同意进行高额充值、打赏，父母或其他监护人可以要求返还，但通过司法途径处理，监护人不仅要承担严格的举证责任，还要经历较为复杂、漫长的程序。那么，未成年人如何避免过度网络消费，父母又该如何帮助孩子建立正确的消费观呢？我们将在后文详述。

2.

过度网络消费会带来什么不良影响？

　　北京青少年法律援助与研究中心曾接到过大量家长关于未成年子女高额游戏充值的咨询求助，这些未成年人在家长不知情的情况下，使用家长的微信账户等进行高额游戏充值消费，金额较低的数千元，最高的则达到了 20 余万元，给家庭造成了严重的经济损失。总的来说，未成年人过度网络消费会引发一系列不良影响。

第一，可能使未成年人养成错误的金钱观和消费观。在一些案例中，未成年人出于寻求刺激、好奇、攀比、被主播诱导等原因，盗用父母银行账户进行高额网络消费。长此以往，若缺乏正确引导，未成年人可能会养成错误的金钱观和消费观，以及盲目消费、攀比等不良习惯。

第二，可能给家庭带来严重的经济损失。在一些案例中，未成年人为了规避充值消费金额的限制，私自使用父母、祖父母、外祖父母，甚至其他成年人的身份信息进行游戏认证，并使用父母的微信、支付宝账户进行付款。当父母发现遭受损失、向游戏公司申请退款时，游戏公司可能会以游戏账户认证信息为成年人为由拒绝退款。即便父母通过诉讼要求退款，人民法院也会判断父母提交的证据是否足以证明是未成年人的消费行为、父母是否存在监管失职等问题，从而扣减部分消费金额，甚至驳回退款请求。

第三，可能导致未成年人实施违法犯罪行为。根据媒体报道，在一些案例中，未成年人为满足高额游戏充值或其他网络消费需求，结伙实施盗窃、抢劫。殊不知，这样的行为已经触犯了《刑法》的规定，要承担相应的法律责任。

3.

未成年人如何避免过度网络消费？

网络世界纷繁复杂，未成年人在进行网络游戏、观看直播等网络娱乐活动时，应该如何避免过度消费呢？

第一，不使用他人身份信息注册认证。一些未成年人为了规避游戏时长、充值消费的限制，私自使用父母等成年人的身份信息进行实名认证，这会带来一系列的不良后果。《未成年人保护法》第七十五条、《未成年人网络保护条例》第四十六条均规定，未成年人应当使用真实的身份信息进行实名认证。我们要主动遵守法律规定，自觉维护法律的权威。

第二，主动使用"未成年人模式"。根据《未成年人保护法》第七十四条、《未成年人网络保护条例》第四十三条的要求，网络直播、网络音视频等软件应当在"未成年人模式"中提供消费管理功能。当我们使用这些软件时，应当主动开启该模式，避免过度消费。

第三，不轻信他人诱导。实践中，一些应援网站、粉丝团体可能会诱导未成年人参与应援集资、投票打榜、刷量控评等活动。针对此类问题，《未成年人网络保护条例》第四十五条明确规定，网络服务提供者不得诱导未成年人参与应援集资、投票打榜、刷量控评等网络活动，并预防和制止其用户诱导未成年人实施上述行为。当我们发现这类行为时，要及时向平台进行投诉，不轻信诱导信息，不参与此类消费。

第四，养成正确的金钱观和消费观。我们可以通过参与父母的日常工作内容、尝试管理家庭财务、了解家庭实际消费承受能力和收支情况、记录日常消费行为等方式感知金钱的来之不易，培养正确的金钱观和消费观。

4.

父母如何避免孩子过度网络消费？

在引导孩子树立正确的消费观念、避免孩子过度网络消费的过程中，父母的作用至关重要。具体来说，父母可以做到以下几点。

第一，帮助孩子养成正确的消费观。正确的消费观不是一朝一夕建立的。要避免孩子过度网络消费，父母可通过引导孩子树立对金钱的正确认识，帮助孩子建立消费预算，引导孩子了解家庭的收入和支出情况、尝试进行家庭财务管理等方式使孩子逐步形成正确的消费观。

第二，妥善保管微信、支付宝、电子钱包的付款密码，银行卡账号及支付密码，手机验证码等信息，定期查询微信、支付宝、银行卡账户上的交易记录，避免孩子在自己不知情的情况下私自付费。此外，父母还要妥善保管自己的身份证件，避免被孩子用于网络游戏、直播 App 等的实名认证。

第三，不要在孩子的手机上登录自己的微信、支付宝等账号，不使用免密支付服务。孩子有使用社交软件需求的，父母应当使用孩子的身份信息进行注册认证，不能将使用自己身份信息认证后的账号直接交给孩子使用。此外，部分金融类 App 在使用过程中可能会引导用户开启小额免密支付功能，父母应避免开启该功能。

第四，主动为孩子下载未成年人网络保护软件并开启"未成年人模式"。如果孩子有自己的手机，父母应当主动下载未成年人网络保护软件；在孩子使用音视频、直播等具有消费功能的 App 时，则应当提前开启"未成年人模式"。

5.

未成年人网络游戏充值消费有什么限制？

近年来，媒体时常报道未成年人在网络游戏中高额充值消费的案例，其家长在申请游戏公司退费的过程中往往困难重重，游戏公司常以游戏账户认证信息不属于未成年人而拒绝退款。那么，根据相关法律法规，未成年人在网络游戏中充值消费有什么限制呢？

首先，《民法典》第十九条规定，8周岁以上的未成年人为限制民事行为能力人，实施民事法律行为由其法定代理人代理或者经其法定代理人同意、追认；但是，可以独立实施纯获利益的民事法律行为或者与其年龄、智力相适应的民事法律行为。第二十条规定，不满8周岁的未成年人为无民事行为能力人，由其法定代理人代理实施民事法律行为。其次，2019年10月25日，国家新闻出版署又针对未成年人网络游戏充值等问题发布了《关于防止未成年人沉迷网络游戏的通知》。结合前述法律法规，不同年龄段的未成年人在网络游戏中的充值消费限制共有以下几种情形。

第一，未满 8 周岁的未成年人不得进行网络游戏充值，网络游戏企业也不得为不满 8 周岁的用户提供游戏付费服务。

第二，对于 8 周岁以上未满 16 周岁的用户，同一网络游戏企业所提供的游戏付费服务，单次充值金额不得超过 50 元，每月充值金额累计不得超过 200 元。

第三，对于 16 周岁以上未满 18 周岁的用户，同一网络游戏企业所提供的游戏付费服务，单次充值金额不得超过 100 元，每月充值金额累计不得超过 400 元。

6.

未成年人可以参与直播打赏吗？

观看网络直播也是未成年人的常见娱乐形式之一。为吸引用户观看直播并消费，直播平台常通过设置不同虚拟礼品等级、展示打赏榜单、打赏动画效果等形式刺激用户为主播购买、赠送道具和礼品。媒体也时常报道未成年人盗用父母账号对主播高额打赏，或主播诱导未成年人使用父母手机打赏的案例。那么，我国的法律法规针对未成年人的直播打赏有哪些规定呢？未成年人是否可以参与直播打赏呢？

第一，用户直播打赏应当进行实名认证。2020 年 11 月 12 日，国家广播电视总局发布的《关于加强网络秀场直播和电商直播管理的通知》明确提出，网络秀场直播平台要对网络主播和打赏用户实行实名制管理。未实名制注册的用户不能打赏，要通过实名验证、人脸识别、人工审核等措施，确保实名制要求落到实处。根据上述要求，用户在直播平台购买礼物、道具打赏主播的，平台应当对该用户进行实名认证。

第二，直播平台不得为未成年人提供打赏功能。在明确要求打赏用户实名认证的基础上，国家广播电视总局《关于加强网络秀场直播和电商直播管理的通知》还提出，网络秀场直播平台应当封禁未成年人用户的打赏功能。此外，2022年5月7日，国家广播电视总局等多部门联合发布的《关于规范网络直播打赏 加强未成年人保护的意见》也明确提出，网站平台禁止为未成年人提供现金充值、"礼物"购买、在线支付等各类打赏服务。

第三，直播平台不得诱导未成年人打赏。该意见还明确要求，网站平台不得研发上线吸引未成年人打赏的功能应用，不得开发诱导未成年人参与的各类"礼物"。发现网站平台违反上述要求，从严从重采取暂停打赏功能、关停直播业务等措施。

第四，未成年人直播打赏可申请退款。根据该意见，网站平台应建立未成年人专属客服团队，优先受理、及时处置未成年人相关投诉和纠纷。对未成年人冒用成年人账号打赏的，网站平台应当在保护隐私的前提下及时查核，属实的须按规定办理退款。2021年2月9日，工业和信息化部等多部门联合发布的《关于加强网络直播规范管理工作的指导意见》也明确提出，网络直播平台应当建立未成年人专属客服团队，优先受理、及时处置涉未成年人的相关投诉和纠纷，对未成年人冒用成年人账号打赏的，核查属实后须按规定办理退款。

7.

国家对于未成年人参与应援打榜有什么规定?

应援打榜指的是粉丝通过线上线下的形式,为自己喜欢的明星做出支持性活动,以及通过募集资金购买与明星相关的产品,对媒介榜单的排名施加影响,以维持明星在榜单中的靠前名次、数据和话题热度的行为。近年来,未成年人参与应援打榜活动的现象愈演愈烈,根据《2021年全国未成年人互联网使用情况研究报告》的统计,2021年,我国未成年网民参与网上粉丝应援行为的比例达到了5.4%,其中主要参与者为初中生。

未成年人无底线参与应援打榜的危害极大。首先,这会引发"饭圈"粉丝互撕谩骂、挑动对立、侮辱诽谤、恶意营销等各类不良现象,严重扰乱网络空间秩序。其次,可能给家庭造成严重经济损失,如《法治日报》曾报道过一则新闻,某17周岁的未成年人沉迷于购买明星周边产品、为偶像打榜刷数据,光是用于购买明星专辑的花销就达到了几万元,占到了家庭年收入的近1/2。再次,孩子的无节制行为和父母的管教可能引发严重的家庭矛盾和冲突。最后，还可能使未成年人形成流量至上、金钱至上等错误的价值观念。

那么，针对未成年人参与应援打榜的行为，国家有哪些规定和限制呢？

首先，在国家法律政策层面，《未成年人网络保护条例》第四十五条明确规定，网络服务提供者应当采取措施，防范和抵制流量至上等不良价值倾向，不得设置以应援集资、投票打榜、刷量控评等为主题的网络社区、群组、话题，不得诱导未成年人参与应援集资、投票打榜、刷量控评等网络活动。2021年8月25日，中央网信办秘书局发布的《关于进一步加强"饭圈"乱象治理的通知》也明确提出，要进一步采取措施，严禁未成年人打赏，严禁未成年人应援消费，不得由未成年人担任相关群主或管理者，限制未成年人投票打榜。

其次，在地方法律政策中，天津市、山东省等出台的未成年人保护条例明确规定，不得诱导未成年人参与应援集资、投票打榜、刷量控评等网络活动。《北京市文化和旅游局关于规范演出从业行为加强市场监管促进首都文艺舞台健康繁荣有序发展的通知》也特别强调，不得组织未成年人参与应援集会等活动，不得组织未成年人进行正常观演之外的应援消费。

综上所述，设置以应援集资、投票打榜、刷量控评等为主题的网络社区、群组、话题，诱导未成年人参与应援打榜均属于违法行为。未成年人在网络活动中也应当保持理性，适度追星，切勿盲从或被不法分子诱导。

8.

未成年人过度网络消费可以要求返还吗？

　　近年来，媒体时常报道未成年人高额网络消费的案例。一些未成年人盗用父母的支付账户进行大额游戏充值或直播打赏，也有一些未成年人使用自己的压岁钱、日常积蓄进行不理智的网络消费。那么，这些消费行为是否具有法律效力，监护人是否可以要求返还钱款呢？

第一，未成年人未征得父母同意过度网络消费可以主张返还。根据《民法典》第二十条、第十九条的规定，不满 8 周岁的未成年人不具有民事行为能力，不能单独实施如网络游戏充值等民事法律行为；8 周岁以上未成年人实施的民事法律行为应当征得父母同意，否则不具有法律效力，但是可以实施与其年龄、智力相适应的民事法律行为。《未成年人网络保护条例》第四十四条也明确规定，网络游戏、网络直播、网络音视频、网络社交等网络服务提供者应当采取措施，合理限制不同年龄阶段未成年人在使用其服务中的单次消费数额和单日累计消费数额，不得向未成年人提供与其民事行为能力不符的付费服务。也就是说，如果未成年人在没有征得父母同意的情况下，私自进行高额游戏充值等网络消费行为，且与他们的年龄、智力不相适应，父母可以通过民事诉讼等方式主张未成年人的消费行为无效，并要求网络平台返还相应的款项。

第二，界定未成年人消费金额达到"高额"或"过度"应考虑诸多因素。一般来说，要界定未成年人的消费金额是否达到"高额"或"过度"，是否与其年龄、智力相符合，需要结合未成年人的年龄、家庭经济情况、当地经济发展水平等因素综合判断。例如，广州互联网法院在 2020 年审理的一个案件中认为：未成年人宋某在 2019 年进行涉案注册、充值消费行为时为 12 周岁至 13 周岁，其在 2019 年 12 月至 2020 年 6 月间向某公司支付 9488 元的大额消费行为明显与其年龄、智力不相符。

　　需要进一步注意的是，根据媒体报道及人民法院发布的典型案例，实践中，有部分父母在进行网络游戏、直播消费后，会以未成年子女的名义申请退款；也有部分大龄未成年人在父母同意后进行网络消费，相关游戏道具使用完毕后，再以父母不同意消费为由申请退款。类似的行为不仅违反了《民法典》规定的诚实信用原则，也不利于正确价值观的形成，不应提倡。

9.

网络平台对于未成年人消费管理有什么责任?

作为未成年人网络消费活动的服务提供者和直接获益者，网络平台在预防未成年人过度消费方面具有以下法律责任。

第一，落实实名认证要求。《未成年人保护法》《未成年人网络保护条例》以及工业和信息化部等多部门《关于加强网络直播规范管理工作的指导意见》等均明确提出，网络游戏、网络直播等平台应当依法要求用户使用真实身份信息进行实名认证，不得为未认证的用户提供游戏娱乐、直播打赏等服务，网络平台应当严格落实相关要求，验证未成年人用户的真实身份信息，避免未成年人不合理消费。

第二，落实未成年人网络游戏充值限额及禁止打赏要求。在依法落实实名认证的基础上，《国家新闻出版署关于防止未成年人沉迷网络游戏的通知》、国家广播电视总局等多部门《关于规范网络直播打赏 加强未成年人保护的意见》等政策还明确规定了不同年龄段未成年人用户的游戏充值消费限额，以及禁止未成年人进行直播打赏的相关要求。《未成年人网络保护条例》第四十四条也明确规定，网络游戏、网络直播、网络音视频、网络社交等网络服务提供者应当采取措施，合理限制不同年龄阶段未成年人在使用其服务中的单次消费数额和单日累计消费数额，不得向未成年人提供与其民事行为能力不符的付费服务。为此，网络平台应当依法落实上述规定，对未成年人使用其服务的消费金额进行合理限制。

第三，建立健全退款渠道，积极配合监护人办理退款。根据《未成年人保护法》《未成年人网络保护条例》，网络平台应当建立便捷、合理、有效的投诉和举报渠道，公开投诉、举报方式等信息，及时受理并处理涉及未成年人的投诉、举报。对于确属未成年人冒用监护人身份信息进行游戏实名认证并私自高额充值，或未成年人冒用成年人账号进行直播打赏等消费行为，网络平台应当在核实后依法退款。

10.

发现网络平台没有履行未成年人消费管理责任如何处理？

北京互联网法院曾发布一起涉未成年人纠纷典型案例，涉案未成年人贾某17周岁，其在某款网络游戏中使用自己的身份信息进行实名认证后，一个月内在该游戏中充值累计高达61万余元。后其监护人向人民法院提起诉讼，要求返还充值款。人民法院审理后认为，在其使用自己的真实身份信息进行实名认证后，游戏公司应当知道其系未成年人。但游戏公司不仅未对该账号进行审核和消费限制，向其监护人主张追认，还继续为其提供大额充值服务，因此认定游戏公司对涉案充值行为的发生负有主要过错，判决其返还充值款项60.9万元。

根据《未成年人保护法》《未成年人网络保护条例》的相关要求，网络平台应当严格落实网络游戏实名认证、未成年人游戏充值限额、禁止诱导未成年人参与应援打榜等要求。那么，当我们发现网络平台未依法履行上述要求，导致未成年人高额消费时，应该怎么处理呢？

第一，举报网络平台的违法行为。我们可以通过"国家企业信用信息公示系统"等网站查询网络平台的注册地址，以确定相应的管辖单位；之后，我们可以拨打网络平台注册地的"12345"政府服务热线，或者直接联系网络平台注册地的文化和旅游部门等提交相应的举报信息，由行政部门进行相应的调查处理。例如，江西省上饶市文化市场综合执法支队发布的一则公告显示，江西省上饶市某网络科技有限公司运营的一款角色扮演网络游戏未依法落实未成年人网络游戏消费管理要求，未成年人不仅可以随意畅玩，还可以无限充值。文化市场综合行政执法支队经调查核实后，对该游戏公司及其主要责任人进行了相应处罚。

第二，通过民事诉讼要求返还消费款项。如果网络平台在应知或明知用户系未成年人的情况下，未实质落实《未成年人保护法》《未成年人网络保护条例》关于未成年人保护的措施，未采取有效措施限制未成年人大额消费，可以认定网络平台存在重大过错，监护人可以通过提起民事诉讼的方式要求返还未成年人消费款项。例如，上文案例中的游戏公司未对贾某的未成年人账号进行审核和消费限制，对贾某高额充值的行为负有过错，其监护人主张退款的请求便得到了人民法院的支持。

第八章

避免网络沉迷

1.

什么是网络沉迷？

在移动互联网迅速发展的背景下，未成年人的生活已与网络密不可分。在享受互联网带来的便利的同时，我们也不得不警惕过度沉迷网络给未成年人带来的危害。为防治未成年人网络沉迷，《未成年人保护法》在"网络保护"一章中对政府部门、学校、父母或其他监护人、网络产品和服务提供者均赋予了相关职责，《未成年人网络保护条例》更是通过专章针对"网络沉迷防治"提出了具体的要求。那么，如何判断未成年人是否沉迷网络呢？

综合参考世界卫生组织《国际疾病分类第十一次修订本（ICD-11）》中关于游戏障碍（Gaming Disorder）、国家卫生健康委员会《中国青少年健康教育核心信息及释义（2018版）》关于网络成瘾的相关定义，判定构成网络沉迷主要应当考虑下列因素。

一是无法控制使用网络服务的时长、频率、强度。这里的网络服务包括网络游戏、网络色情内容、网络短视频、网络直播等多个方面，其中，未成年人网络游戏沉迷是最为普遍的问题，也是当前有关部门关注和治理的重点。

二是此种行为或状态持续的时间较长，一般情况下至少持续12个月。

三是将使用网络服务的优先度置于其他重要事项或日常学习、生活之上。例如，为了长时间玩网络游戏，故意不完成学习任务，或过度占用休息时间。

四是因过度使用网络服务引发明显的负面后果之后，仍然保持甚至加强这一行为模式。例如，根据媒体报道，一些未成年人常年沉迷网络游戏，凭借自身意志力已无法控制每日的游戏时长和频率，并且为了玩游戏放弃了学业和日常生活，最终导致身体机能紊乱、作息失调、不得不休学治疗，这种情形就是网络沉迷。

2.

网络沉迷会带来什么不良影响？

当前，国家和有关部门高度关注未成年人的网络沉迷问题，未成年人网络沉迷不仅会对自身的身心健康造成严重影响，对家庭和学校教育教学活动也有明显负面影响，具体来说：

对于未成年人的不良影响，第一，会影响未成年人的身体健康。研究显示，未成年人过度使用网络游戏，过度观看电子设备屏幕可能会引发腱鞘炎，视力下降如弱视、近视等。部分未成年人因网络沉迷还会导致饮食、作息不规律，进一步引发身材肥胖、易感疲倦等问题。第二，会影响未成年人的性格塑造。一些未成年人在游戏过程中会变得极度亢奋、暴躁，游戏的输赢成为控制其喜怒哀乐的工具。长此以往，其可能将游戏时的情绪引入现实生活，形成急躁、易怒、易冲动的性格。第三，会影响未成年人的学习。不可否认的是，过度使用网络势必会压缩未成年人的学习时间。部分未成年人还会占用睡眠时间玩游戏、看小说，导致缺乏合理的休息，进一步影响学习状态。一旦陷入这一恶性循环，其学习将会受到明显的负面影响。第四，会影响未成年人的现实社交。当未成年人在网络世界倾注过多时间和精力时，就会逐渐降低与亲友、同学等在现实生活中接触的频率。久而久之则会逐步淡化人际关系，越来越沉迷于自己的虚拟世界。

对于家庭的不良影响，第一，会导致家庭关系急剧恶化。父母及其他亲属可能因未成年人沉迷网络问题对其进行指责，或通过错误的方式进行干预；未成年人也可能受急躁、易怒性格的影响而对父母恶语相向，长此以往会导致家庭关系急剧恶化，甚至引发恶性事件。第二，会造成严重的经济损失。实践中，一些未成年人长期盗用父母、祖父母、外祖父母的微信、支付宝、银行卡账户等进行游戏充值或直播打赏。等父母发现时，消费金额已经达到上万元，甚至几十万元。而父母申请退款时又面临举证、管辖等诸多困难，可能给家庭造成严重的经济损失。

对于学校教育教学的影响，第一，会影响学校正常的教育教学秩序。一些沉迷网络的学生可能通过各种方式将手机带入课堂，甚至在上课期间玩游戏、看小说或刷短视频，严重影响正常的教学秩序。第二，会影响教育教学质量。一方

面，学生消耗大量的时间精力用于网络娱乐，势必会对其本
人，乃至身边同学的学习质量造成严重影响；另一方面，教
师在教学的同时，还不得不额外对学生沉迷网络的问题进
行介入、干预，长此以往，也会对教育教学质量产生不良
影响。

3.

未成年人使用网络游戏有什么限制？

为了避免未成年人过度使用网络游戏，过度充值消费，《未成年人保护法》《未成年人网络保护条例》《国家新闻出版署关于防止未成年人沉迷网络游戏的通知》《国家新闻出版署关于进一步严格管理切实防止未成年人沉迷网络游戏的通知》等法律法规均对未成年人使用网络游戏进行了相应的限制，具体来说：

第一，未成年人应当使用自己的身份信息进行游戏实名认证。根据《未成年人保护法》第七十五条、《未成年人网络保护条例》第四十六条的规定，网络游戏服务提供者应当通过统一的未成年人网络游戏电子身份认证系统等必要手段验证未成年人用户真实身份信息。网络产品和服务提供者不得为未成年人提供游戏账号租售服务。

第二，未成年人游戏充值金额限制。根据《国家新闻出版署关于防止未成年人沉迷网络游戏的通知》，网络游戏企业不得为未满 8 周岁的未成年人提供游戏付费服务；对于 8

周岁以上未满 16 周岁的用户，同一网络游戏企业所提供的游戏付费服务，单次充值金额不得超过 50 元，每月充值金额累计不得超过 200 元；对于 16 周岁以上未满 18 周岁的用户，同一网络游戏企业所提供的游戏付费服务，单次充值金额不得超过 100 元，每月充值金额累计不得超过 400 元。

第三，未成年人游戏时长限制。根据《国家新闻出版署关于进一步严格管理切实防止未成年人沉迷网络游戏的通知》，所有网络游戏企业仅可在周五、周六、周日和法定节假日每日 20 时至 21 时向未成年人提供 1 小时网络游戏服务，其他时间均不得以任何形式向未成年人提供网络游戏服务。

4.

未成年人使用他人身份信息认证网络游戏有什么危害？

实践中，一些未成年人为了逃避《未成年人保护法》《未成年人网络保护条例》《国家新闻出版署关于防止未成年人沉迷网络游戏的通知》等法律法规关于未成年人游戏时长及充值限额的规定，私自使用父母、祖父母、外祖父母的

身份信息进行游戏实名认证，还有未成年人甚至使用各地公安机关发布的逃犯身份信息用于认证。那么，这样的行为是否合法？又会造成哪些危害呢？

首先，未成年人使用他人身份信息认证网络游戏是违法行为。《未成年人保护法》第七十五条第二款规定，网络游戏服务提供者应当要求未成年人以真实身份信息注册并登录网络游戏。《未成年人网络保护条例》第四十六条进一步明确，网络游戏服务提供者应当通过统一的未成年人网络游戏电子身份认证系统等必要手段验证未成年人用户真实身份信息；网络产品和服务提供者不得为未成年人提供游戏账号租售服务。因此，未成年人必须使用自己的真实身份信息进行游戏实名认证，不得盗用成年人的身份信息进行认证，也不得租用、购买他人的游戏账号。

其次，未成年人盗用成年人身份信息进行网络游戏实名认证的危害极大，具体来说：

第一，无法实现对未成年人的特殊保护。未成年人沉迷网络游戏不论对其本人，还是对其家庭、学校都会造成严重的负面影响，为此，国家有关部门才通过制定法律政策对未成年人使用网络游戏的时长、时段、消费金额等进行了合理限制，这些限制措施本质上是对未成年人的特殊保护。盗用成年人的身份信息进行网络游戏实名认证会使未成年人脱离相关限制措施，无法实现对未成年人的特殊保护。

第二，可能引发法律风险。游戏实名认证所需的姓名和身份证号码属于个人信息的范畴，而根据《民法典》第一百一十一条的规定，自然人的个人信息受法律保护。任何组织或者个人需要获取他人个人信息的，应当依法取得并确保信息安全。因此，在未经当事人允许的情况下，盗用他人身份信息用于游戏实名认证违反了《民法典》的相关规定，属于侵权行为，可能要承担相应的法律责任。

第三，可能给家庭造成严重的经济损失。一旦未成年人盗用成年人的身份信息用于游戏实名认证，并在游戏中进行高额充值，后续未成年人的父母在向游戏公司申请返还充值款项时将面临严格的举证责任，可能给家庭造成严重的经济损失。

5.

如何选择适合未成年人年龄段的网络游戏

网络游戏并非洪水猛兽，在法律规定的时间范围、消费限额内适度游戏有利于未成年人放松身心，获得丰富的感官体验，锻炼逻辑思考能力。但市面上的网络游戏类型众多，一些包含暴力、恐怖、恋爱元素的游戏并不适合所有年龄段的未成年人使用。那么，未成年人应该如何选择适合自己年龄段的网络游戏呢？

《未成年人保护法》第七十五条第三款规定，网络游戏服务提供者应当按照国家有关规定和标准，对游戏产品进行分类，作出适龄提示，并采取技术措施，不得让未成年人接触不适宜的游戏或者游戏功能。《未成年人网络保护条例》第四十七条第二款则进一步明确，网络游戏服务提供者应当落实适龄提示要求，根据不同年龄阶段未成年人身心发展特点和认知能力，通过评估游戏产品的类型、内容与功能等要素，对游戏产品进行分类，明确游戏产品适合的未成年人用户年龄阶段，并在用户下载、注册、登录界面等位置予以显著提示。为落实网络游戏适龄提示要求，在中共中央宣传部出版局的指导下，中国音像与数字出版协会等制定了《网络游戏适龄提示》团体标准。

《网络游戏适龄提示》团体标准从游戏所涉及的法律及道德、暴力、性暗示、血腥、恐怖等多个维度，综合考虑心理学、教育学和青少年健康等相关理论和研究成果对网络游戏适用的年龄段进行了划分，具体包括："8+"，表明该游戏适用于 8 周岁（含）以上的用户；"12+"，表明该游戏适用于 12 周岁（含）以上的用户；"16+"，表明该游戏适用于 16 周岁（含）以上的用户。

目前，市面上大多数的网络游戏已经落实了上述适龄提示要求，在游戏官方网站、下载页面、注册登录页面等显著位置使用了如"8+CADPA""16+CADPA"等标志进行适龄提示。用户点击适龄提示标识，还可进一步了解游戏类型、适用年龄、监护提示、游戏内容描述、防沉迷规则说明、游戏功能说明等信息。未成年人和家长在下载游戏前，可以重点关注游戏的适龄提示，以筛选适宜未成年人当前年龄段的网络游戏。

6.

学校如何处理学生带手机入校的问题？

随着智能手机价格的不断下降，以及移动互联网技术在日常生活、学习等方面的普及和应用，很多未成年人都拥有了属于自己的手机。一方面，手机可以帮助未成年人与父母、同学保持联系；另一方面，其在电子支付、资料检索、课程学习等方面也发挥着重要的作用。但与此同时，也有一些未成年人因沉迷网络游戏、网络小说等，会偷偷将手机带入校园甚至课堂，引起家长、老师的担忧。那么，中小学生可不可以将手机带入校园呢？相关法律政策是如何规定的呢？学校又应当如何管理呢？

第一，原则上学生不允许带手机入校，禁止将手机带入课堂。《未成年人保护法》第七十条规定，未经学校允许，未成年学生不得将手机等智能终端产品带入课堂，带入学校的应当统一管理。《教育部办公厅关于加强中小学生手机管理工作的通知》进一步明确要求，原则上中小学生不得将个人手机带入校园。学生确有将手机带入校园需求的，须经学生家长同意、书面提出申请，进校后应将手机交由学校统一保管，禁止带入课堂。

第二，学校应当对学生手机进行统一保管。手机是未成年学生或者其监护人的财产，学校有责任进行合理保管。根据《教育部办公厅关于加强中小学生手机管理工作的通知》，学校应将手机管理纳入学校日常管理，制定具体办法，明确统一保管的场所、方式、责任人，提供必要保管装置。

第三，学校应当为未成年人的通话需求提供便利。针对学生与家长的通话需求，学校应通过设立校内公共电话、建立班主任沟通热线、探索使用具备通话功能的电子学生证或提供其他家长便捷联系学生的途径，为学生和家长提供便利。

需要强调的是，要落实对中小学生的手机管理，不仅需要学校严格履行上述义务，家长也应当履行相应的教育职责，加强对孩子使用手机的督促管理，形成家校协同育人的合力。中小学生则应当自觉遵守上述规定，做到不带手机进课堂，非必要不带手机入校。

未成年人如何避免沉迷网络？

一些未成年人可能有这样的烦恼：尽管自己已经意识到长时间玩游戏或刷短视频的行为不可取，过度占用了自己的学习、休息时间，但却缺乏动力做出改变，也不知道该如何走出现状。那么，未成年人发现自己可能沉迷网络时，可以从哪些方面着手改变呢？

第一，主动使用自己的身份信息进行实名认证。根据法律规定，网络游戏应当对未成年人用户的游戏时长、消费金额进行限制，一些网络音视频软件等也在探索针对未成年人用户的特殊保护措施，如使用时长限制、内容筛选等。未成年人在使用这些软件时，应当使用自己的身份信息进行实名认证，帮助自己合理规划用网时长。

第二，主动使用"未成年人模式"。《未成年人网络保护条例》第四十三条规定："网络游戏、网络直播、网络音视频、网络社交等网络服务提供者应当针对不同年龄阶段未成年人使用其服务的特点，坚持融合、友好、实用、有效的原则，设置"未成年人模式"，在使用时段、时长、功能和内容等方面按照国家有关规定和标准提供相应的服务，并以醒目便捷的方式为监护人履行监护职责提供时间管理、权限管理、消费管理等功能。"未成年人在使用网络游戏、视频、小说、漫画等 App 时应主动使用"未成年人模式"，避免过度娱乐。

第三，和父母约定电子设备的使用时长并遵守约定。未成年人可以和父母约定家庭成员每天使用手机、电脑等设备的时长，辅以相应的激励机制，并努力遵守自己的承诺，给予自己正向反馈。

第四，积极参加体育锻炼和课外活动，在现实生活中获得成就感。节假日期间，未成年人可以和父母、同学、朋友走出家门，到大自然中做游戏、去室外进行体育锻炼或者参加感兴趣的活动，将注意力逐渐从虚拟的网络世界转向真实世界，从而在现实世界中获得成就感。

8.

父母如何避免孩子沉迷网络？

课余时间不止可以玩网络游戏，还可以多参加户外运动。

小贝的乒乓球打得越来越好了！

  作为孩子的监护人，父母对于引导孩子正确使用网络，避免沉迷网络负有法定责任。为此，《未成年人网络保护条例》第四十一条专门规定，未成年人的监护人应当指导未成年人安全合理使用网络，关注未成年人上网情况以及相关生理状况、心理状况、行为习惯，防范未成年人接触危害或者可能影响其身心健康的网络信息，合理安排未成年人使用网络的时间，预防和干预未成年人沉迷网络。那么，在日常生活中，父母可以如何做呢？我们给出以下建议。

第一，发挥榜样作用。父母要养成良好的网络使用习惯，做到不过度使用网络，自觉远离不良网络信息，平时不在孩子面前长时间浏览短视频或玩网络游戏，不做家中网络游戏的"推广者"和"代言人"。

第二，让孩子在现实生活中获得成就感。父母可以多带孩子走出家门，为孩子安排符合其兴趣爱好、有益身心的活动，在活动中多鼓励孩子，让孩子在现实世界中感受到成就感。

第三，不使用自己的身份信息帮助孩子进行网络游戏实名认证。根据法律规定，未成年人用户应当使用自己的身份信息进行网络游戏实名认证，这不仅可以有效控制未成年人的游戏时长，还可以避免未成年人在网络游戏中过度消费。此外，父母也要妥善保管自己的身份证号码和已实名认证的华为账户、Apple ID 等手机账户，避免被孩子私自使用。

第四，帮助孩子开启"未成年人模式"。根据《未成年人保护法》《未成年人网络保护条例》的相关规定，网络游戏、网络音视频等服务应当为未成年人提供时间管理功能。父母应当主动为孩子开启"未成年人模式"，对孩子使用相应 App 的时长、内容和功能进行监督管理。

　　第五，和孩子约定电子设备的使用时长。父母可以与孩子约定每天使用手机、电脑等设备的时长。告诉孩子，每个人都应当遵守承诺并且言出必行。如果孩子违反约定，要通过正面、积极的方式加以引导，逐渐培养孩子良好的网络使用习惯。

9.

学校对于预防未成年人沉迷网络有什么责任?

作为对未成年人负有法定教育责任的主体之一,学校在防治未成年人网络沉迷方面也具有重要职责。根据《未成年人网络保护条例》第四十条、《中小学德育工作指南》和《教育部办公厅关于做好预防中小学生沉迷网络教育引导工作的紧急通知》的相关要求,学校的责任主要包括:

第一,加强宣传教育,让学生充分了解沉迷网络的危害。学校要通过课堂教学、主题班会等多种形式开展专题教育,引导学生正确认识、科学对待、合理使用网络,提高对沉迷网络危害性的认识。

第二,积极建设清朗的网络文化。学校要通过搭建校园网站、论坛、微信群等网上宣传交流平台等方式,通过网络开展主题班(队)会、冬(夏)令营、家校互动等活动,引导学生合理使用网络,避免沉迷网络游戏,远离有害信息,防止网络沉迷和伤害。

第三,积极履行教育管理职能。学校为学生提供互联网上网服务设施的，应当通过安排专人安装未成年人网络保护软件等保护技术措施，为未成年人提供安全、健康的上网环境；应开展相应的网络素养教育课程，引导学生正确对待网络虚拟世界，合理使用互联网和手机。应做好手机等电子设备管理工作，避免学生将手机违规带入校园或课堂。

第四，及时发现学生沉迷网络的情况。学校要加强对教师的指导和培训，提高教师对未成年学生沉迷网络的早期识别和正确干预能力。

第五，强化家校协同，共同做好未成年人沉迷网络干预工作。对于有沉迷网络倾向的学生，学校应当及时告知其监护人，共同对学生进行教育和引导，帮助其恢复正常的学习和生活，科学、文明、安全、合理使用网络。

需要特别说明的是，学校在对有沉迷网络倾向的学生进行教育引导的过程中，应当严格遵守法律法规关于未成年人保护的相关规定，严禁任何组织和个人通过虐待、胁迫等侵害未成年人身心健康的方式进行干预。

10.

网络平台对于预防未成年人沉迷网络有什么责任?

预防未成年人网络沉迷是所有主体的共同责任。对于网络平台而言,根据《未成年人保护法》《未成年人网络保护条例》等相关规定,其责任主要体现在以下几个方面。

第一,完善产品或服务中的相关功能、规则。网络平台和网络游戏服务提供者不得向未成年人提供诱导其沉迷的产品和服务,及时修改可能造成未成年人沉迷的内容、功能或者规则,避免未成年人接触可能影响其身心健康的游戏内容或者游戏功能。

第二,建立和完善"未成年人模式"。网络游戏、网络直播、网络音视频、网络社交等网络服务提供者应当针对不同年龄阶段未成年人使用其服务的特点,坚持融合、友好、实用、有效的原则,设置"未成年人模式",在使用时段、时长、功能和内容等方面按照国家有关规定和标准提供服务，并以醒目、便捷的方式为未成年人监护人履行监护职责提供时间管理、权限管理、消费管理等功能。

第三，落实网络游戏实名认证要求。网络游戏服务提供者应当通过统一的未成年人网络游戏电子身份认证系统等必要手段验证用户的真实身份信息，不得为未成年人提供游戏账号租售服务，确保将实名认证制度落到实处。

第四，落实适龄提示要求。网络游戏服务提供者应当落实适龄提示要求，根据不同年龄阶段未成年人的身心发展特点和认知能力，通过评估游戏产品的类型、内容与功能等，对游戏产品进行分类，明确游戏产品适合的未成年人用户年龄阶段，并在用户下载、注册、登录界面等位置显著提示。

第五，合理限制未成年人的消费数额。网络游戏、网络直播、网络音视频、网络社交等网络服务提供者应当采取措施，合理限制未成年人在使用网络产品和服务时的单次消费数额和单日累计消费数额，不得向未成年人提供与其民事行为能力不符的付费服务。

第六，依法接受社会监督。网络产品和服务提供者应当建立健全防沉迷制度，并每年向社会公布防沉迷工作情况，接受社会监督。

第九章

不参与网络违法犯罪活动

1.

什么是网络违法犯罪活动？

　　网络违法犯罪泛指一切利用互联网实施的侵害他人人身权益、财产权益、社会公共利益及国家利益的活动。随着互联网的不断普及和发展，一方面，很多传统的违法犯罪活动披上了互联网的外衣，不仅造成了越来越恶劣的后果，也增加了司法机关的打击难度。另一方面，借助互联网技术，一些新型违法犯罪活动不断出现，给未成年人的人身、财产安全带来了极大的威胁。根据媒体报道及各地司法机关发布的典型案例，我们总结出了以下几类常见的涉未成年人违法犯罪活动。

第一是利用互联网实施的侵犯著作权、人格权等民事侵权行为。在网络上搬运、抄袭他人作品，捏造、散播关于他人的谣言，通过网络侮辱、谩骂他人，恶意丑化他人肖像，未经同意公开他人个人信息或隐私等，都是常见的网络侵权行为，侵权人需要承担赔礼道歉、赔偿损失等民事责任。

第二是利用互联网实施的违反治安管理的行为。一方面，上文所述的侵犯他人著作权、人格权等行为，如果情节相对严重，则可能违反《治安管理处罚法》的相关规定。另一方面，在互联网上传播淫秽、色情等违法信息，非法使用"翻墙"软件访问不良内容，利用计算机系统漏洞侵入计算机信息系统或故意传播病毒等行为，尚未达到犯罪程度的，也属于违反治安管理行为，公安机关可对其处以拘留、罚款等处罚。

第三是利用互联网实施的犯罪行为。例如，租售自己的银行卡、手机卡，使用非法软件入侵计算机信息系统，参与实施电信网络诈骗，通过网络对他人进行严重侮辱、诽谤等，情节严重的，可能触犯《刑法》的相关规定，构成犯罪，要承担相应的刑事责任。例如，广州市中级人民法院就曾审结一起未成年人破坏计算机信息系统案件。17 周岁的小陈在境外网站购买了攻击套餐，利用黑客技术高频发动服务请求，多次、持续对某航空公司的客票、机场旅客服务、飞行、运控等计算机系统进行流量攻击，造成该航空公司对外服务网络全面瘫痪，给该航空公司造成了巨大经济损失与负面网络舆论评价。后小陈被公安机关抓获。人民法院经审理认为，小陈的行为已构成破坏计算机信息系统罪，最终判处其有期徒刑 4 年。

我们想特别提示的是，近年来，犯罪分子利用未成年人，或者未成年人主动参与实施网络违法犯罪活动也有愈演愈烈的态势。未成年人要学习、了解基本的法律知识，自觉做到不参与不实施、主动抵制和举报网络违法犯罪行为。

2.

实施网络违法犯罪活动要承担什么责任?

我们在前文中为大家介绍了常见的网络违法犯罪行为典型案例及相关法律规定，接下来，我们一起梳理实施网络违法犯罪活动可能承担的法律责任。

第一，民事责任。对于侵犯他人著作权、个人信息、名誉权、隐私权等行为，根据《民法典》的相关规定，要承担相应的民事责任，承担民事责任的具体方式包括停止侵害、赔偿损失、消除影响、恢复名誉、赔礼道歉等。

第二，行政责任。如果侵权行为达到一定的严重程度，则可能违反《治安管理处罚法》的相关规定，需要承担行政责任，依法接受警告、罚款、行政拘留等治安管理处罚。此外，对于使用非法"翻墙"软件、制作和传播淫秽物品、参与网络赌博等妨害社会管理的行为，也应当依法接受相应的治安管理处罚。

第三，刑事责任。与网络相关的犯罪行为主要包括侮辱罪，诽谤罪，侵犯公民个人信息罪定罪，非法侵入计算机信息系统罪，信用卡诈骗罪，帮助信息网络犯罪活动罪，制作、复制、出版、贩卖、传播淫秽物品牟利罪以及传播淫秽物品罪等。如果行为人年满 16 周岁，就要依法承担刑事责任，接受管制、拘役、有期徒刑等刑事处罚。

3.

发现他人实施网络违法犯罪活动应该如何处理？

网络空间是我们共同的精神家园，网络空间秩序需要我们共同维护。当我们发现他人正在实施网络违法犯罪活动时，应该怎么做呢？

第一，不接受、不参与。如果不法分子通过支付报酬的方式诱导我们参与网络违法犯罪活动，我们一定要果断拒绝对方的要求。根据《刑法》第二百八十七条之二的规定，明知他人利用信息网络实施犯罪，为其犯罪提供帮助，情节严重的，可能构成帮助信息网络犯罪，活动罪，要承担刑事责任。

第二，妥善保存证据。我们可以通过手机自带的截图或录屏功能保存对方实施网络违法犯罪活动的证据，在保存证据的过程中要注意显示出对方的手机号码、微信账号、QQ账号、ID、头像、昵称等信息；对于不法分子提供的网页、网站，除了进行截图或录屏保存外，还要注意保存对应的网址。

第三，及时投诉举报。对于他人在网络上发布的轻微侵害他人人格权益等不良信息，我们可以直接向对应的网络平台进行投诉举报，避免不良信息进一步传播，给被害人造成持续伤害。

第四，情况严重的及时报警。当我们发现不法分子正在实施严重侵害他人合法权益、危及社会治安秩序以及其他严重的违法犯罪行为时，可以向父母等成年人寻求帮助，通过他们向公安机关报警。

4.

随意搬运抄袭他人作品要承担什么责任？

　　小赵是一名短视频博主，经常在自己的账号上更新自己拍摄的风景、人文类视频作品，积累了不少粉丝。一天，有粉丝告诉小赵，他的原创作品被人搬运到了另一个短视频平台。虽然经过了少量剪辑加工，但仍然能够分辨出就是小赵此前发布的作品。小赵私信联系了搬运自己作品的人李某，希望李某能够停止侵权行为并赔礼道歉。没想到李某在收到消息后不仅未回复，还将小赵拉入了黑名单。小赵在咨询律师后，了解到李某的行为侵犯了自己的著作权，决定通过法律途径维护自身权利，便起诉到了人民法院。人民法院经审理认定，李某的行为侵犯了小赵的著作权，最终判决李某停止侵权行为，并赔偿小赵经济损失及合理开支 1 万余元。

　　我国法律对于侵犯著作权的情形有明确的规定，根据《著作权法》第十条及相关法律规定，作品创作者依法享有著作权，未经作者或权利人允许，擅自修改、发表、通过信息网络传播其作品等均属于侵权行为，应该承担赔礼道歉、赔偿损失等侵权责任。以营利为目的，未经著作权人许可，复制发行、通过信息网络向公众传播其文字作品、音乐、美术、视听作品、计算机软件及法律、行政法规规定的其他作品，违法所得数额较大或者有其他严重情节的，还可能触犯《刑法》第二百一十七条的规定，构成侵犯著作权罪。

其实，不仅上文案例中李某搬运、剪辑小赵作品的行为属于侵权行为，以下网络常见的网络活动若未提前取得相关权利人的授权，均可能涉嫌违反《著作权法》的相关规定：（1）将已上映的电影、电视剧等作品经过剪辑、配上解说音频后发布在自己的短视频账号上；（2）以营利为目的，通过直播间演唱他人享有著作权的歌曲；（3）使用直播软件对演唱会现场表演进行直播；（4）将小说、教材等出版物扫描成电子版，在网上进行售卖。此外，还有一些人认为，尽管没有征得著作权人的许可，但只要标明了素材的来源，或者没有从中营利，使用他人作品就不构成侵权，这种理解也是错误的。

未成年人在网络创作过程中要多学习《著作权法》的相关知识，尊重他人的智慧成果，共同营造良好的网络创作环境。

5.

非法使用"翻墙"软件要承担什么责任?

小刘对电脑技术非常痴迷。一天,他在贴吧里看到有用户在售卖一款"翻墙"软件,对方自称使用该款软件后,设备可以随意访问国外网站,不受任何限制。小刘很是心动,便向对方支付了 100 元的费用,对方则通过邮箱将软件安装包发给了小刘。小刘在自己的手机上安装了这款软件,果然顺利打开了很多境外网站。之后,小刘多次使用该款软件访问境外网站,浏览色情内容,直至被公安机关查获。鉴于小刘是未成年人,也无营利行为,公安机关责令小刘停止非法行为,并给予其警告处罚。

根据《计算机信息网络国际联网管理暂行规定实施办法》第七条,我国境内的计算机信息网络直接进行国际联网,必须使用邮电部国家公用电信网提供的国际出入口信道。任何单位和个人不得自行建立或者使用其他信道进行国际联网。小刘使用非法的"翻墙"软件访问境外网站就属于上述条款中的"使用其他信道进行国际联网"行为。触犯该规定的，公安机关依法应责令停止联网，可以并处 1.5 万元以下的罚款；有违法所得的，没收违法所得。

　　一些境外网站包含大量淫秽、色情、赌博、暴力、凶杀、恐怖等有害和违法犯罪信息，随意浏览这些信息会对未成年人造成严重不良影响。我们每个人都要增强网络安全意识，不使用非法软件，不访问非法内容，共同营造清朗的互联网空间。

6.

通过网络传播淫秽物品要承担什么责任？

　　曹某是一名高中学生，一天，他偶然发现在网上出售色情视频可以赚钱，便在色情网站下载了多部淫秽色情视频，并上传至某网盘进行售卖。为了避免被网盘识别出视频内容含有违法信息，曹某还通过压缩文件、修改文件名、修改文件格式等方式对这些视频文件进行了处理。之后，曹某通过社交软件进行宣传，以每部作品5元的价格售卖视频，直到被公安机关抓获。人民法院经审理认为，曹某以牟利为目的，复制、贩卖、传播淫秽视频文件数量众多，其行为触犯了《刑法》，构成复制、贩卖、传播淫秽物品牟利罪。但鉴于其归案后能如实供述自己的罪行，自愿认罪认罚，且属于未成年人犯罪，最终判处其有期徒刑6个月，缓刑1年，并处罚金2000元。

　　为严厉打击传播色情网络制品等违法犯罪行为，《刑法》第三百六十三条第一款、第三百六十四条第一款规定了制作、复制、出版、贩卖、传播淫秽物品牟利罪和传播淫秽物品罪。也就是说，只要传播了相关淫秽物品，不论是否以牟利为目的，也不论是否实际牟利，都可能构成犯罪。此外，即便传播的淫秽物品数量尚未达到犯罪程度，也可能违反《治安管理处罚法》第六十八条的相关规定，公安机关可处以行政拘留和罚款处罚。

那么，如何界定淫秽物品呢？根据《刑法》第三百六十七条的规定，淫秽物品，是指具体描绘性行为或者露骨宣扬色情的诲淫性的书刊、影片、录像带、录音带、图片及其他淫秽物品。有关人体生理、医学知识的科学著作不是淫秽物品。包含有色情内容的有艺术价值的文学、艺术作品不视为淫秽物品。未成年人切记不要以身试法，自觉抵制淫秽物品的制作与传播，共同维护社会的良好风尚。

7.

在网络上对他人进行人肉搜索要承担什么责任?

刘某因与网络主播李某存在纠纷,为打击报复,便通过网络检索及其他非法途径获取了李某及其父母的姓名、年龄、住址、身份证号码、照片等个人信息。之后,刘某在李某及其父母的照片中添加了他们的身份证号码及诅咒文字,并通过几十个网络账号多次发布,称"李某的身份证号,大家拿去借网贷",相关网络帖文的阅读量超万次,引发了大量负面评论。此外,刘某还利用网络账号大量添加李某的粉丝为好友,通过私信发送李某的照片等个人信息,并扬言要蹲点杀害李某。后刘某被公安机关刑事立案。人民法院经审理认为,刘某违反法律规定,非法获取被害人个人信息,严重影响了被害人的生活,构成侵犯公民个人信息罪,最终判处刘某有期徒刑 10 个月,缓刑 1 年,并处罚金 2 万元。

很多人对"人肉搜索"这一概念都不陌生,实践中,一些人因和被害人存在纠纷，便通过各种途径搜集、曝光被害人的真实姓名、住址、电话号码、身份证号码等信息，并发动舆论，唆使不明真相的网友对被害人进行人肉搜索和网络暴力，给被害人造成极大的身心伤害，殊不知，这样的行为已经违反了法律规定。

首先，根据《民法典》第一百一十一条的规定，自然人的个人信息受法律保护，不得非法收集、使用、加工、传输他人个人信息，不得非法买卖、提供或者公开他人个人信息。因此，非法收集、公开、提供他人个人信息等人肉搜索行为，情节较轻的，涉嫌违反前述规定，要承担民事侵权责任。

其次，《治安管理处罚法》第四十二条明确规定，针对散布他人隐私等行为，处5日以下拘留或者500元以下罚款；情节较重的，处5日以上10日以下拘留，可以并处500元以下罚款。

最后，《最高人民法院、最高人民检察院、公安部关于依法惩治网络暴力违法犯罪的指导意见》也明确规定，组织人肉搜索，在信息网络上违法收集并向不特定多数人发布公民个人信息，情节严重，符合刑法相关规定的，以侵犯公民个人信息罪定罪处罚。而根据《刑法》第二百五十三条之一，构成侵犯公民个人信息罪的，可处 3 年以下有期徒刑或者拘役，并处或者单处罚金；情节特别严重的，处 3 年以上 7 年以下有期徒刑，并处罚金。

综上所述，我们在网络活动中要认识到，人肉搜索是违法犯罪行为，应该坚决予以反对和抵制。同时，我们也应该注意保护自己的个人信息，以免被不法分子利用。

8.

故意在网络上挑起"骂战"要承担什么责任?

　　小齐和小陈因琐事多次发生冲突，矛盾日益激化。之后，二人相约在多个网络平台注册账号进行网络"骂战"，互相捏造对方的违法犯罪等不实信息，并比拼谁发布的信息能够获得更高的关注度。二人的行为很快引发了大量网友的围观，跟进评论、嘲讽、谩骂，造成了不良社会影响。公安机关了解到该事件后，依法传唤了小齐和小陈，告知双方在网络上发布的言论侵犯了对方的名誉权，扰乱了正常的社会秩序，依法对二人处以行政拘留5日的处罚，并责令删除相关违法信息。

　　《治安管理处罚法》第四十二条明确规定，公然侮辱他人或者捏造事实诽谤他人，或者多次发送淫秽、侮辱、恐吓或者其他信息，干扰他人正常生活的，处5日以下拘留或者500元以下罚款；情节较重的，处5日以上10日以下拘留，可以并处500元以下罚款。如果侮辱、诽谤行为情节特别严重的，还可能违反《刑法》第二百四十六条的相关规定，构成侮辱罪或诽谤罪，要承担刑事责任。小齐和小陈二人在现实生活中发生冲突，却将矛盾转移到网络上，其行为不仅侵害了对方的权利，也严重扰乱了公共网络秩序，应当接受相应的处罚。

我们常说，互联网不是法外之地，网络空间就如同现实社会，同样需要安全、稳定、和谐的秩序。我们每个人在网络空间中都应当自觉做到与人为善，共同维护良好的网络环境。

9.

租售自己的银行卡、手机卡是违法行为吗？

高中生小李在上网时偶然看到一则广告，对方称只要出租自己闲置的银行卡就可以获取 2000 元的使用费。小李很是心动，便添加了对方的好友。对方很爽快地支付了 2000 报酬，小李则根据双方约定，将自己的银行卡账号、支付密码等信息告诉了对方，并按照对方提供的地址将银行卡邮寄过去。小李本以为自己遇到了可以不劳而获的好事，没想到一个月后，公安机关联系了小李，称他的银行卡被用于网络犯罪活动，涉案金额高达 80 万元，需要接受调查。这时，小李才幡然醒悟，原来自己是被犯罪分子利用了。

一些未成年人为了便利日常生活，曾办理过银行卡、手机卡，有时可能还会将闲置的银行卡、手机卡出借、出租给他人使用，但他们可能并不知道，出借、出租银行卡、手机卡的行为已经违反了法律规定。《反电信网络诈骗法》第三十一条第一款规定，任何单位和个人不得非法买卖、出租、出借电话卡、物联网卡、电信线路、短信端口、银行账户、支付账户、互联网账号等，不得提供实名核验帮助；不得假冒他人身份或者虚构代理关系开立上述卡、账户、账号等。第四十四条规定，违反前述规定的，没收违法所得，由公安机关处违法所得 1 倍以上 10 倍以下罚款，没有违法所得或者违法所得不足 2 万元的，处 20 万元以下罚款；情节严重的，并处 15 日以下拘留。此外，根据《刑法》第二百八十七条之二的规定，如果出借、出租的银行卡、手机卡被用于实施电信网络诈骗犯罪的，银行卡、手机卡的所有人还可能构成帮助信息网络犯罪活动罪，要承担刑事责任。

法律之所以严格禁止买卖、出租、出借手机卡、银行卡等行为，是因为一旦它们被不法分子利用，就极有可能被用于电信网络诈骗、洗钱、跨境赌博、贩毒等犯罪活动。因此，未成年人一定要了解并自觉遵守相关法律法规，切莫为了眼前利益而触犯法律。

10.

网络平台对于防治网络违法犯罪活动有什么责任？

预防、打击网络违法犯罪活动是每个网络主体的责任。根据《未成年人网络保护条例》《最高人民法院、最高人民检察院、公安部关于依法惩治网络暴力违法犯罪的指导意见》等相关规定，网络平台在防治网络违法犯罪活动方面主要有以下责任和义务。

第一，依法履行内容审查责任。对于用户发布的涉网络违法犯罪活动信息进行筛查、拦截、删除等处理。如果网络平台知道或者应当知道网络用户利用其服务侵害他人民事权益而未采取必要措施，应与侵权人承担连带责任。

第二，建立健全用户信息安全保障体系。确保用户的个人信息、隐私和数据不被他人非法泄露和滥用，保障用户在安全的网络环境中使用其服务。

第三，积极履行风险提示义务。对于未成年人用户发送或接收的含有私密信息、网络欺凌、诱导实施违法犯罪活动等风险的内容，网络平台应当通过算法模型、大数据、人工筛查等手段识别监测，并主动进行风险提示。

第四，积极开展网络安全宣传活动。增强用户的网络安全和法律意识，帮助用户了解、识别和防范网络违法犯罪。

第五，积极履行报告义务。配合有关部门开展网络安全治理，打击网络违法犯罪行为，发现涉及严重侵害未成年人合法权益的行为，主动向相关机关报告。

第十章

不同主体在未成年人网络保护中的作用

1.

父母在未成年人网络保护方面有哪些责任?

养成良好的用网习惯很重要。

互联网是我们学习和工作的好帮手。

　　网络时代，未成年人的学习、生活、社交已经与网络密不可分。网络给未成年人提供了便利，但不良网络信息、网络暴力、网络沉迷等问题也给未成年人带来了巨大的风险和挑战。如何在网络世界为未成年人保驾护航，充分发挥网络对未成年人健康成长的积极作用，已经成为父母的必修课之一。那么，根据《未成年人保护法》《未成年人网络保护条例》等法律法规，父母在未成年人网络保护方面有哪些责任呢？

第一，父母要全面履行监护责任。父母不仅要为孩子提供物质生活保障，更要关注孩子的精神和情感需求。要通过营造亲密、快乐、和谐的家庭氛围，与孩子一起参与线下活动等方式，让孩子感受现实生活中的美好，避免过度沉迷于网络世界。

第二，父母自身应当不断提升网络素养。根据《民法典》第二十六条第一款的规定，父母对未成年子女负有抚养、教育和保护的义务。作为网络时代的"原住民"，当代未成年人生活的方方面面已经与网络密不可分。在这一背景下，父母要正确、全面、有效地履行教育和保护义务，就应当不断提升自身网络素养，帮助孩子正确使用网络、抵御网络风险、保护个人信息及其他合法权益，这是对父母的一项基本要求。

第三，父母要以身作则，养成良好的用网习惯。《未成年人网络保护条例》第十七条规定，未成年人的监护人应当规范自身使用网络的行为，加强对未成年人使用网络行为的教育、示范、引导和监督。为此，父母应当注意不在家中长时间使用手机或电脑等设备进行娱乐，不使用不良软件，不访问不良网站，不随意转发、分享未经确认的网络信息，妥善保管个人信息，尤其是金融支付信息，不利用孩子进行网络炒作或牟取不正当利益。

第四，父母要加强对孩子使用网络的引导和监督。一方面，父母要对孩子的用网习惯、用网时长进行引导，避免其过度使用网络；另一方面，父母也要根据孩子的年龄对其接触的网络内容进行合理监督，避免其浏览色情、暴力、赌博等不良和违法信息，对孩子在网络上的不当行为及时予以制止和纠正。

第五，父母要帮助孩子使用网络保护软件和功能。父母应当在家用电脑、孩子的手机等设备上安装相应的网络保护软件，主动开启孩子常用 App 的"未成年人模式"，对孩子使用的社交 App 进行实名认证，和孩子一起选择适宜孩子年龄段的网络游戏、产品或者服务等。

第六，父母要帮助孩子维护合法权益。当孩子遭受网络暴力、个人信息泄露、网络性侵害等不法侵害时，父母要积极履行保护职责，根据侵害行为的严重程度采取向网络平台投诉举报、向公安机关报案、提起民事诉讼等方式维护孩子的合法权益。

241

2.

学校在未成年人网络保护方面有哪些责任？

当前，学校的大量教育教学活动已经与网络相关。那么，学校在使用网络开展教育教学活动时如何保障未成年人的合法权益呢？学校在未成年人网络保护方面又有哪些职责呢？根据《未成年人保护法》第六十九条、第七十条，《未成年人网络保护条例》第五条、第十五条、第十六条、第四十条等规定，学校在未成年人网络保护方面的责任主要包括以下几个方面。

第一，学校应当提供安全、健康的上网环境。为未成年人提供互联网上网服务设施的，应当通过安排专业人员、招募志愿者等方式，以及安装未成年人网络保护软件或者采取其他安全保护技术措施，为未成年人提供上网指导和安全、健康的上网环境。

第二，学校应当将提高学生网络素养等内容纳入教育教学活动。学校应当合理使用网络开展教学活动，帮助学生养成良好上网习惯，培养学生网络安全和网络法治意识，增强学生对网络信息的获取和分析判断能力。

第三，学校应当对学生网络沉迷进行干预。一方面，学校应当加强对教师的指导和培训，提升教师对未成年学生沉迷网络的早期识别和干预能力。另一方面，对于有沉迷网络倾向的未成年学生，学校应当及时告知其监护人，共同对未成年学生进行教育和引导，帮助其恢复正常的学习和生活。

第四，学校应当对学生的手机等电子设备进行管理。学校应当落实对未成年人手机管理的相关法律法规，原则上不允许中小学生将个人手机带入校园，针对确有将手机带入校园需求的学生，应当对手机进行统一保管，并禁止将手机带入课堂。

3.

政府在未成年人网络保护方面有哪些责任?

政府作为未成年人保护工作的重要主体,在责任分配上,是由网信部门进行统筹协调,国家新闻出版、电影部门和国务院教育、电信、公安、民政、文化和旅游、卫生健康、市场监督管理、广播电视等有关部门依据各自职责,共同做好未成年人网络保护工作。在具体责任上,根据《未成年人保护法》《未成年人网络保护条例》等法律法规,主要体现在以下几个方面。

第一,制定相关法律法规及标准。例如,为营造良好的网络生态,保护各主体的合法权益和社会公共利益,国家互联网信息办公室于2019年12月15日发布了《网络信息内容生态治理规定》,对网络违法和不良信息进行了细致的界定。针对App过度收集用户个人信息的问题,工业和信息化部办公厅、公安部办公厅等多部门于2021年3月12日专门发布《常见类型移动互联网应用程序必要个人信息范围规定》,对常见类型App的必要个人信息范围进行了详细规

定。针对家长、未成年人高度关注的未成年人网络保护软件
功能设计问题,《未成年人网络保护条例》专门规定,由国
家网信部门会同国务院有关部门,明确未成年人网络保护软
件的相关技术标准或者要求。

第二,指导、支持家庭、学校、企业、行业组织等主体
发挥积极作用。例如,针对未成年人沉迷网络的问题,《未
成年人保护法》第六十八条第一款规定,新闻出版、教育等
部门应当指导家庭、学校、社会组织互相配合,采取科学、
合理的方式对未成年人沉迷网络进行预防和干预。又如,为
全面提升未成年人网络素养,《未成年人网络保护条例》第
十三条第二款规定,教育部门应当指导、支持学校开展未成
年人网络素养教育;第十四条第二款规定,县级以上地方人
民政府应当通过为中小学校配备具有相应专业能力的指导教
师、政府购买服务或者鼓励中小学校自行采购相关服务等方
式,为学生提供优质的网络素养教育课程。

第三,积极履行监督管理职责。一方面,网信等部门应
当主动加强对未成年人网络保护工作的监督检查,依法惩处
利用网络从事危害未成年人身心健康的违法活动。另一方
面,任何组织和个人发现前述违法活动的,都有权向网信、
新闻出版、民政等部门进行举报,收到举报的部门应当及时

依法处理或移送有权处理的部门。

第四，及时查处行政违法行为。针对网络平台在为未成年人提供服务的过程中未履行个人信息保护、内容审核管理、网络沉迷干预、安全保障等法定职责的，网信、新闻出版、电信等部门要依法查处，对网络平台可责令改正违法行为，给予警告、罚款等处罚；对于直接负责的主管人员和其他直接责任人员，可处罚款，以及禁止在一定期限内担任相关职责或不得从事同类网络产品和服务业务的处罚；涉嫌犯罪的，应当及时移送公安机关。

4.

公检法司在未成年人网络保护方面有哪些责任?

  一方面,公检法司作为未成年人网络保护的重要力量,应当针对网络性侵害、网络暴力等侵害未成年人合法权益的问题制定相关司法解释、部门规章,夯实保障未成年人网络空间合法权益的法律基础。例如,针对未成年人网络性侵害

问题，最高人民法院、最高人民检察院于 2023 年 5 月 24 日联合发布了《关于办理强奸、猥亵未成年人刑事案件适用法律若干问题的解释》，该解释第九条规定，胁迫、诱骗未成年人通过网络视频聊天或者发送视频、照片等方式，暴露身体隐私部位或者实施淫秽行为，符合刑法相关规定的，以强制猥亵罪或者猥亵儿童罪定罪处罚。又如，针对公众高度关注网络暴力违法犯罪活动，最高人民法院、最高人民检察院、公安部于 2023 年 9 月 20 日联合印发了《关于依法惩治网络暴力违法犯罪的指导意见》，特别强调针对未成年人实施网络违法犯罪活动要依法从重处罚。

另一方面，公检法司应当在各自职权范围内，共同做好未成年人网络保护工作，具体来说：

公安机关在未成年人网络保护中的责任。第一，切实履行网络信息监督管理责任，根据《互联网信息服务管理办法》等相关规定，处理传播网络违法信息的行为。第二，打击针对未成年人的网络暴力、网络性侵害等违法犯罪行为，对于被害人就网络侮辱、诽谤提起自诉的案件，依法履行协助取证的职责，维护被害人的合法权益。第三，积极开展普法宣传教育，通过指派民警担任法治副校长和法治辅导员、发布典型案例等方式，积极利用新媒体等形式针对未成年人开展线上线下网络安全教育。

人民检察院在未成年人网络保护中的责任。第一，对于通过网络侵害未成年人合法权益的违法犯罪行为，依法行使批准逮捕、提起公诉、支持公诉的职权。第二，对公安机关、人民法院处理针对未成年人的网络违法犯罪案件进行法律监督；对于公安机关应当立案而不立案的案件，要求公安机关说明不立案的理由，认为不立案理由不能成立的，应当通知公安机关立案；对人民法院的审判活动、审判结果等实施监督，对确有错误的已经发生法律效力的判决、裁定，应当提出抗诉。第三，针对互联网企业等主体未依法落实未成年人保护职责等问题提出检察建议，督促其履行法律责任。第四，针对侵害未成年人权益的网络暴力行为，涉及社会公共利益的，依法提起公益诉讼。第五，通过指派检察官担任法治副校长和法治辅导员、发布典型案例等方式，以新媒体等形式针对未成年人开展网络安全教育。

人民法院在未成年人网络保护中的责任。第一，对利用网络侵害未成年人合法权益的违法犯罪行为，依法进行刑事审判，受理被害人提起的民事诉讼，支持其民事赔偿请求。第二，对在审理案件中发现的互联网企业等有关主体在制度上、工作中存在的问题提出改进和完善管理工作的司法建议。第三，通过指派法官担任法治副校长和法治辅导员、发布典型案例等方式，以新媒体等形式针对未成年人开展网络安全教育。例如，2018 年儿童节当日，最高人民法院公布了利用互联网侵害未成年人权益的典型案例，涉及未成年人裸贷、以招收童星为由欺骗猥亵儿童、约网友见面强奸未成年人等社会关注度较高的热点问题，对于引导未成年人自觉遵守法律法规，增强网络安全意识具有良好的教育和示范意义。

司法行政机关在未成年人网络保护中的责任。针对未成年人遭受网络性侵害、网络暴力等案件，或者未成年人参与实施网络犯罪的案件，各地法律援助机构应当根据未成年人监护人的申请，根据《未成年人保护法》《法律援助法》的相关规定提供法律咨询、代理、刑事辩护等法律援助服务，指派熟悉未成年人身心特点的律师办理相关案件。

5.

网络平台在未成年人网络保护方面有哪些责任？

　　网络平台作为网络服务的直接提供者和平台规则制定者，在未成年人网络保护方面，要通过提升未成年人网络素养、构建企业内部未成年人保护机制、进行未成年人网络保护专项评估等方式有效发挥主体作用。根据《未成年人保护法》《未成年人网络保护条例》《儿童个人信息网络保护规定》等法律法规，网络平台的具体责任主要体现在以下几个方面。

　　第一，提升网络素养。《未成年人保护法》第六十四条规定，国家、社会、学校和家庭应当加强未成年人网络素养宣传教育，培养和提高未成年人的网络素养。网络平台作为重要的社会主体，对于提高未成年人的网络素养、增强未成年人科学、文明、安全、合理使用网络的意识和能力负有重要责任。一方面，网络平台应当根据《未成年人网络保护条例》第四十三条的要求，设置"未成年人模式"，为监护人提供时间管理、权限管理、消费管理等功能，这是促进未成年人网络素养的技术基础。另一方面，网络平台还可通过鼓励生产传播有利于未成年人身心健康的优质内容，策划相关线上线下活动等方式增强未成年人科学、文明、安全、合理使用网络的意识和能力。

第二，管理网络信息内容。一方面，网络平台应当根据《未成年人网络保护条例》《网络信息内容生态治理规定》等法律法规的规定，对网络违法和不良信息进行有效筛查，不得展示宣扬淫秽、色情、暴力等危害未成年人身心健康的网络信息；对于可能影响未成年人身心健康的信息，在展示前应予以显著提示。另一方面，鼓励网络平台根据未成年人的需求，便利未成年人获取有益身心健康、引导未成年人养成良好生活习惯和行为习惯等的网络信息。

第三，保障网络安全。安全的网络环境是保障未成年人网络空间各项权益的基石，一方面，网络平台要根据《未成年人保护法》《未成年人网络保护条例》的相关规定，开发设计未成年人网络保护软件、提供"未成年人模式"或专区；另一方面，网络平台还应当针对网络暴力、个人信息泄露、网络性侵害等涉未成年人频发问题开发设计相应的预防干预、识别检测、技术提示等功能。

第四，干预网络沉迷。在制度建设方面，网络平台应当建立健全防沉迷制度，不得向未成年人提供诱导沉迷的产品和服务，及时修改可能造成未成年人沉迷的内容、功能或规则。在"未成年人模式"设置方面，网络平台应当针对未成年人设置相应的时间管理、权限管理、消费管理等功能。在网络消费管理方面，网络平台应当合理限制不同年龄段未成年人的消费数额，不得为未成年人提供与其民事行为能力不符的付费服务。在网络游戏用户的身份核验方面，网络游戏服务提供者应当通过统一的未成年人网络游戏电子身份认证系统等必要手段验证未成年人用户真实身份信息，不得为未成年人提供游戏账号租售服务。

第五，保护个人信息。首先，网络平台要严格遵守网信等部门关于必要个人信息范围的相关规定，不得强制未成年人或者其监护人同意非必要个人信息处理行为。其次，网络平台应当提供便捷的支持未成年人或者其监护人查阅未成年人个人信息种类、数量等的方法和途径，提供更正、删除未成年人个人信息的功能，不得限制合理请求或设置不合理条件。最后，网络平台要通过制定安全事件应急预案、严格设定信息访问权限、每年进行个人信息保护合规审计等方式全面保障未成年人的个人信息安全。

第六，建立健全投诉举报机制。网络平台应当建立便捷、合理、有效的投诉和举报渠道，通过显著方式公布投诉、举报途径和方法，及时受理并处理涉及未成年人的投诉、举报。

6.

特定网络平台在未成年人网络保护方面有哪些特殊责任？

此处的特定网络平台指的是未成年人用户数量巨大，或者对未成年人群体具有显著影响的网络平台服务提供者。这些网络平台本身拥有大量的未成年人用户，或者其产品、服务主要针对未成年人群体，对未成年人有着重要影响，其应当在未成

年人网络保护方面履行特殊职责，承担更多的法律责任。根据《未成年人网络保护条例》第二十条之规定，这些特定网络平台除应依法履行前文的法律责任外，还要履行下列义务。

第一，在网络平台服务的设计、研发、运营等阶段，充分考虑未成年人身心健康发展特点，定期开展未成年人网络保护影响评估。

第二，提供"未成年人模式"或者未成年人专区等，便利未成年人获取有益身心健康的平台内产品或者服务。

第三，按照国家规定，建立健全未成年人网络保护合规制度体系，成立主要由外部成员组成的独立机构，对其未成年人网络保护情况进行监督。

第四，遵循公开、公平、公正的原则，制定专门的平台规则，明确平台内产品或者服务提供者的未成年人网络保护义务，并以显著方式提示未成年人用户依法享有的网络保护权利和遭受网络侵害的救济途径。

第五，对违反法律、行政法规，严重侵害未成年人身心健康或者侵犯未成年人其他合法权益的平台内产品或者服务提供者，停止提供服务。

第六，每年发布专门的未成年人网络保护社会责任报告，并接受社会监督。

7. /

网络平台未履行未成年人保护义务要承担什么责任？

切实保护未成年人在网络空间的各项权益，有赖于网络平台、监护人、学校、政府部门等各主体全面履行相关责任。对此，《未成年人网络保护条例》第六章专章规定了各主体未落实相关责任的法律后果，其中，网络平台的法律责任主要包括以下几个方面。

第一，网络平台存在以下违法情形，由网信、新闻出版等部门责令改正；拒不改正或者情节严重的，对企业、直接负责的主管人员和其他直接责任人员处罚款：（1）未针对未成年人网络保护问题建立便捷、合理、有效的投诉、举报渠道，及时受理并处理公众投诉、举报；（2）智能终端产品制造者未在产品上安装未成年人网络保护软件，或者未采用显著方式告知用户安装渠道和方法，销售者未在产品销售前采用显著方式告知用户软件安装情况以及安装渠道和方法；

（3）通过未成年人发送的私密信息发现未成年人可能遭受侵害，未立即采取必要措施保存有关记录及向公安机关报告。

第二，网络平台存在以下违法情形，由网信、新闻出版等部门责令限期改正，给予警告，没收违法所得，可以并处罚款；拒不改正或者情节严重的，责令暂停相关业务、停产停业或者吊销相关业务许可证、吊销营业执照，并处罚款：（1）在首页首屏、弹窗、热搜等处于产品或者服务醒目位置、易引起用户关注的重点环节呈现可能影响未成年人身心健康的信息；（2）通过自动化决策方式向未成年人进行商业营销；（3）向未成年人发送、推送或者诱骗、强迫未成年人接触含有危害或者可能影响未成年人身心健康内容的网络信息。

第三，网络平台存在以下违法情形，由网信、新闻出版等部门责令限期改正，给予警告，没收违法所得，对企业、直接负责的主管人员和其他直接责任人员处以罚款；拒不改正或者情节严重的，可以责令暂停相关业务、停业整顿、关闭网站、吊销相关业务许可证或者吊销营业执照：（1）未建立健全网络欺凌行为的预警预防、识别监测和处置机制，未提供网络欺凌信息防护选项；（2）未建立健全网络欺凌信息特征库；（3）以未成年人为服务对象的在线教育网络产品和服务提供者，未依法根据不同年龄阶段未成年人身心发展特点和认知能力提供相应的产品和服务；（4）未采取有效措施防止影响或危害未成年人身心健康内容的网络信息制作传播，发现相关信息后未立即采取停止传输、删除等处置措施，未向网信、公安等部门报告，未对相关用户采取警示、限制功能等处置措施；（5）网络直播服务提供者向不符合法律规定情形的未成年人用户提供网络直播发布服务；（6）未在企业内部依法设置未成年人个人信息访问权限；（7）发现未成年人私密信息或者未成年人通过网络发布的个人信息中涉及私密信息的，未及时提示，未采取停止传输等必要保护措施防止信息扩散；（8）未建立健全防沉迷制度，未每年向社会公布防沉迷工作情况，接受社会监督；（9）未依法设置"未成年人模式"；（10）未合理限制不同年龄阶段未成年人消费金额，或者向未成年人提供与其民事行为能力不符的付费服务；（11）未采取有效措施，防范和抵制流量至上等不良价值倾向，未依法限制应援集资、投票打榜、刷量控评等社区、话题，或者诱导未成年人参与前述网络活动；（12）为未成年人提供游戏账号租售服务；（13）网络游戏服务提供者未建立、完善预防未成年人沉迷网络的游戏规则，未落实适龄提示要求。

　　需要特别说明的是，网络平台受到关闭网站、吊销相关业务许可证或者吊销营业执照处罚的，5 年内不得重新申请相关许可，其直接负责的主管人员和其他直接责任人员 5 年内不得从事同类网络产品和服务业务。

8.

特定网络平台未履行未成年人保护义务要承担什么责任？

　　未成年人用户数量巨大或者对未成年人群体具有显著影响的网络平台服务提供者应当在未成年人网络保护方面履行特殊职责，《未成年人网络保护条例》在第二十条也对此进行了明确。如果这些特定的网络平台未依法履行相关职责，则可能承担下列责任。

　　第一，特定网络平台存在以下违法情形，由网信、新闻出版等部门责令改正，给予警告，没收违法所得；拒不改正的，对企业、直接负责的主管人员和其他直接责任人员处以罚款：（1）未在网络平台服务的设计、研发、运营等阶段，充分考虑未成年人身心健康发展特点，未定期开展未成年人网络保护影响评估；（2）未通过提供"未成年人模式"或者未成年人专区等，便利未成年人获取有益身心健康的平台内产品或者服务；（3）未按照国家规定建立健全未成年人网络保护合规制度体系，未成立独立机构对未成年人网络保护情况进行监督；（4）未制定专门的平台规则，明确平台内产品或者服务提供者的未成年人网络保护义务，未以显著方式提示未成年人用户依法享有的网络保护权利和遭受网络侵害的救济途径；（5）未依法对严重侵害未成年人身心健康或者侵犯未成年人其他合法权益的平台内产品或者服务提供者停止提供服务；（6）未每年发布专门的未成年人网络保护社会责任报告，并接受社会监督。

第二，特定网络平台存在上述第（1）项和第（5）项违法情形，情节严重的，由网信、新闻出版等部门责令改正，没收违法所得，并处罚款，并可以责令暂停相关业务或者停业整顿、通报有关部门依法吊销相关业务许可证或者吊销营业执照；对直接负责的主管人员和其他直接责任人员处以罚款，并可以决定禁止其在一定期限内担任相关企业的董事、监事、高级管理人员和未成年人保护负责人。

9.

其他主体未履行未成年人保护义务要承担什么责任？

《未成年人网络保护条例》除针对网络平台未履行相关责任规定了相应罚则外，针对监护人、学校、政府部门等主体未依法履行未成年人网络保护职责的法律责任也进行了明确规定，具体来说：

第一，监护人不履行本条例规定的监护职责或者侵犯未成年人合法权益的，由未成年人居住地的居民委员会、村民委员会、妇女联合会，监护人所在单位，中小学校、幼儿园等有关密切接触未成年人的单位依法予以批评教育、劝诫制止、督促其接受家庭教育指导等。

第二，学校、社区、图书馆、文化馆、青少年宫等违反本条例规定，不履行未成年人网络保护职责的，由教育、文化和旅游等部门依据各自职责责令改正；拒不改正或者情节严重的，对负有责任的领导人员和直接责任人员依法给予处分。

第三，地方各级人民政府和县级以上有关部门违反本条例规定，不履行未成年人网络保护职责的，由其上级机关责令改正；拒不改正或者情节严重的，对负有责任的领导人员和直接责任人员依法给予处分。

图书在版编目（CIP）数据

未成年人网络保护 100 问／佟丽华主编．—北京：
中国法制出版社，2023.12

ISBN 978-7-5216-3988-9

Ⅰ.①未… Ⅱ.①佟… Ⅲ.①未成年人保护法-中国
-问题解答 Ⅳ.①D922.183.5

中国国家版本馆 CIP 数据核字（2023）第 232661 号

责任编辑：程　思　　　　　　　　　封面设计：李　宁

未成年人网络保护 100 问
WEICHENGNIANREN WANGLUO BAOHU 100 WEN

主编／佟丽华
经销／新华书店
印刷／应信印务（北京）有限公司
开本／880 毫米×1230 毫米　32 开　　　　印张／8.75　字数／81 千
版次／2023 年 12 月第 1 版　　　　　　2023 年 12 月第 1 次印刷

中国法制出版社出版
书号 ISBN 978-7-5216-3988-9　　　　　　　定价：36.00 元

北京市西城区西便门西里甲 16 号西便门办公区
邮政编码：100053　　　　　　　　　传真：010-63141600
网址：http：//www.zgfzs.com　　　　编辑部电话：010-63141796
市场营销部电话：010-63141612　　　印务部电话：010-63141606

（如有印装质量问题，请与本社印务部联系。）